U0721098

羽毛球——飘舞的白鸽

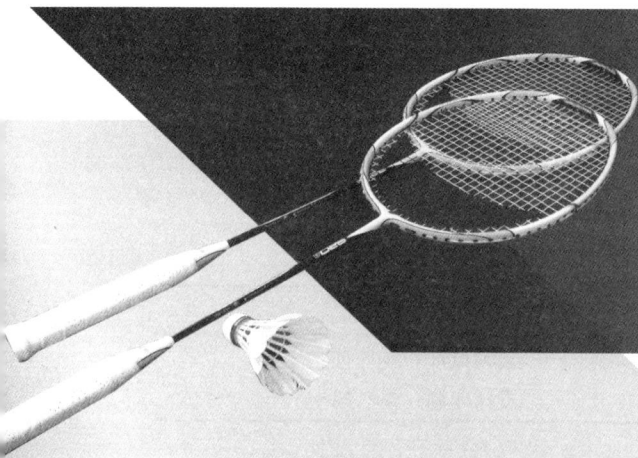

盛文林/著

台海出版社

图书在版编目（CIP）数据

羽毛球：飘舞的白鸽 / 盛文林著. －－北京：台海
出版社，2014.7

（全民阅读体育知识读本）

ISBN 978－7－5168－0409－4

Ⅰ.①羽… Ⅱ.①盛… Ⅲ.①羽毛球运动－基本知识

Ⅳ.①G847

中国版本图书馆 CIP 数据核字（2014）第 174919 号

羽毛球：飘舞的白鸽

著　者：盛文林			
责任编辑：刘文卉		装帧设计：视界创意	
版式设计：林　兰		责任印制：蔡　旭	

出版发行：台海出版社

地　　址：北京市朝阳区劲松南路 1 号　邮政编码：100021

电　　话：010－64041652（发行，邮购）

传　　真：010－84045799（总编室）

网　　址：www. taimeng. org. cn/thcbs/default. htm

E － mail：thcbs@126. com

经　　销：全国各地新华书店

印　　刷：北京一鑫印务有限公司

本书如有破损、缺页、装订错误，请与本社联系调换

开　　本：655×960　　　 1/16

字　　数：130 千字　　　　　　　　印　　张：12

版　　次：2014 年 10 月第 1 版　　　印　　次：2021 年 6 月第 3 次印刷

书　　号：ISBN 978－7－5168－0409－4

定　　价：29.60 元

前　言

羽毛球运动是深受广大群众喜爱的小型球类运动，趣味性强、规则简单，而且它的运动器材简便，不受场地限制，两把拍子一个球，无论走到哪里，无论有网无网，无论室内、室外，只要有一小块空地，就能进行活动和锻炼。

羽毛球运动一方面简便易行、竞技性和娱乐性较强、锻炼价值较高；另一方面具有深厚文化底蕴、属性高雅，符合人民追求时尚、关注健康需求的心理，以其速度、灵敏、力量、飘逸和无尽变化等魅力传遍五洲四海。

羽毛球运动是一项技巧性很强的竞技性比赛项目，同时它也是一项普及性很强，老少皆宜的活动。既能强身健体，又充满乐趣。从事此运动，需要在场上不停地移动跳跃、转体、挥拍击球，提高身体各方面的机能，培养顽强的拼博精神，从而提高身体素质和身心健康。

通过对对方战术意图的揣摩，对各种战机的把握，对自己运用战术的选择，可以使人思维变得敏捷聪慧。紧张、激烈的比赛氛围可使参予者的心理素质得到很好的锻炼。

在我国大力开展全面健身活动的背景卜，羽毛球越来越成为大众青睐的运动项目。在此基础上，我国的羽毛球也已达到高超的竞技水平，在各种世界性比赛中屡屡夺冠，其发展前景十分广阔。

目　录

PART 1 项目起源

古时候的羽毛球游戏

羽毛球运动是由古代的毽球游戏逐渐演变而来的，据《大不列颠百科全书》记载，"原始的羽毛球游戏活动至少于两千年前，在中国、日本、印度、泰国、法国、英国、瑞典等国就流行了"。不过由于民族、地区及语言的差异，对这项游戏活动的叫法不同，如我国叫"打鸡毛球"或"打手毽"，法国称"羽毛球"（Feather ball），印度称"普那"（Poona），英国、瑞典等国则叫"毽子板球"（Battledore and Shuttle-cock），这就是现代羽毛球运动的前身。

人们从一份英国王室记录中得知："早在 12 世纪，英国就有玩这项游戏的情景"。后来人们又从"一幅 14 世纪的英国木刻画中见到了当时玩游戏的情况，画中展示出由两人相对而立，两者使用坚实的小木板来回击打一个异状物体的游戏"。

毽球

起初这项游戏活动是在孩子们中间玩，没有任何目的，只是想尽量把异物击向空中不要过早地掉落在地。那时所用的拍子全是由木制的，一般出自家庭制作，而球多半是用布、羊毛、线团等裹成球托，用软质的家禽羽毛压插在球托上制成。球的规格大小一般是随人意愿而定，游戏可在户外任何一块空旷地上进行。

据有关资料表明，最早出现有关羽毛球运动的文字记载是法国著名画家乔丹（1699 – 1779）所画的一幅题为"羽毛球"（The shuttle coack）油画。画中的一名少女，手握穿有网弦的羽毛球拍，球为球托上插有七根不同颜色的羽毛。

至于世界其他国家，当时玩这种游戏的活动形式、所用器材，大体同英国的这种游戏相似。

法国著名画家乔丹的油画"羽毛球"

回过头来看看中国，中国也是世界上较早就有这项游戏活动的国家之一。据《民族体育集锦》记载："相传，中国在远古时期就有类似羽毛球游戏活动的存在，其玩法、性质以及所用的一些器材同世界上较早有这项游戏活动的国家相比较没有太大的差异，只是对这种游戏活动的称法上不同而已。这种活动主要分布在我国的西南地区（云南、贵州、广西等地），至少在七个少数民族中玩过这项游戏活动。"

在《中国少数民族传统体育》一书中也证实了这项游戏活动存在的事实。他们是苗族、基诺族、壮族、亿佬族、哈尼族、瑶族、苦聪族等。由于我国少数民族受历史、社会以及文化等的影响，很多活动难以找到文字记载，所以我们难以准确地考证出这项游戏活动源于我国的时间。根据上述文献记载，可以认为，中国古代的类似羽毛球游戏活动在公元前已在我国的民间流传。

现代的羽毛球运动

现代羽毛球运动诞生于英国，大约在1800年左右，由网球派生而来。我们可以注意到现今的羽毛球场地和网球场地仍非常相似。1870年，出现了用羽毛、软木做的球和穿弦的球拍。1873年，英国公爵鲍弗特在格拉斯哥郡伯明顿镇的庄园里进行了一次羽毛球游戏表演。从此，羽毛球运动便逐渐开展起来，那时的活动场地是葫芦形，两头宽中间窄，窄处挂网，直至1901年才改作长方形。

现代羽毛球运动在19世纪中叶首次出现，它是由一种名为"毽子板球"（battledore and shuttlecock）的运动发展演化而来的。"毽子板球"的起源可以追溯到古希腊、中国、日本和印度。今天，羽毛球运动在亚洲和欧洲尤为流行，1992年它已经成为奥运会正式比赛项目。

1873年，在英格兰格拉斯哥郡的伯明顿（Badminton）庄园举行的一次宴会上，几个从印度退役回来的军官，用球拍和球（香槟酒的软木瓶塞插上鹅羽毛的）隔着宴会桌对击。此游戏很快被英国人广为接受并流传开来。"伯明顿"（Badminton）即成为英文羽毛球的名字。于是，现代羽毛球运动正式诞生。

1875年羽毛球就已经流传甚广

PART 2 历史发展

羽毛球发展阶段

国际羽联成立后，世界羽毛球运动及其世界锦标赛经历了几个重大的发展阶段：

第一阶段：从欧洲向世界传播。20世纪初，羽毛球运动流传到亚洲，美洲，大洋洲，最后传到非洲。

第二阶段：亚洲羽毛球运动迅速崛起。20世纪五十年代，亚洲羽毛球运动发展很快，马来西亚取得前三届汤姆斯杯赛冠军。同时印度尼西亚队在技术和打法上有所创新很快取得了霸主地位。六十年代以后，羽毛球运动的发展逐渐移向亚洲。七十年代，国际羽坛是印度尼西亚一枝独秀。羽毛球成为印度尼西亚的国球。

第三阶段：中国斩露头角独领风骚。八十年代，中国羽毛球开始斩露头角，并和印度尼西亚开始争夺世界羽毛球领军地位，一度独领风骚。但是昙花一现之后，中国羽毛球开始跌落低谷。1992巴塞罗那奥运会羽毛球首次列入比赛项目，中国队铩羽而归。世界大奖赛的冠军与中国运动员极少有缘。

第四阶段：中国再铸辉煌称霸世界羽坛。1993年，退役后的世界羽毛球冠军李永波临危受命，担任中国羽毛球队总教练。李永波雷厉风行、治军严格，从零开始，励精图治。慢慢的中国羽毛球队东山再起、重振雄风。21 世纪来临之际，中国队最终走向辉煌，成就羽坛霸主地位。

羽毛球运动设备的更替

羽毛球运动设备也是从原始的低级阶段向高级阶段发展的。羽毛球从开始时的硬纸板和绒线团到木托用皮包起来，再发展到用 14 - 16 根高级羽毛插在软木托口；羽毛球拍从木板发展成椭圆形穿弦木拍。后来，规则规定球拍重 95 - 120 克，拍框长 25 - 25.5 厘米，宽 20 - 20.5 厘米，拍柄长 39.5 - 40 厘米，其制作材料也发展成木框钢管拍、铝合金拍、碳素纤维拍、钛合金拍。选择球拍时，应以较轻、牢固而有弹性、握在手里舒适为原则。

技术与战术的发展

羽毛球运动从开创至今，国际赛事日渐增多，技术与战术的发展从简单到全面，从全面到快速灵活，从快速灵活到多变，产生了几次飞跃。

第一次飞跃

第一次飞跃是在开创时期，这一时期英国选手垄断整个世界羽坛，虽然他们的技术比较单一，打法陈旧，几乎没有战术变化。

但他们的技术水平一直处于领先地位，为羽毛球运动传播到全世界立下了头功。直到 1939 年，丹麦、加拿大等国选手以良好的体力和进攻型战术向英国选手发起了挑战，这才打破了英国选手称霸羽坛的局面，在第 36 届全英锦标赛上，英国选手仅获一枚混双金牌；第 37、38 届全英锦标赛冠军被丹麦选手摘得。

第二次飞跃

第二次飞跃是在 20 世纪 50 年代至 60 年代中期，这是羽毛球的技术与战术全面发展的时期，男子技术优势从欧洲全面转向亚洲，形成了亚洲人在世界羽坛上称雄的局面。50 年代，以马来西亚、印度尼西亚为代表，他们主要以拉、吊来控制球的落点，主要代表人物是马来西亚的王炳顺、庄友明。他们使马来西亚接连三次获得汤姆斯杯赛冠军，包揽了 1950 - 1957 年八届全英羽毛球锦标赛单打冠军和 1951 - 1954 年四届双打冠军。

从 1958 年开始，羽毛球技术开始向快速、灵活的方向发展，以印尼的陈友福为代表，以较快的速度运用下压抢网和加强扣杀上网的技术打败了以技术性为代表的打法，从此开创了印尼控制世界羽坛的局面。从 1958 年至 1979 年，印度尼西亚共七次荣获汤姆斯杯。

在这一时期，中国虽然没有参加正式世界比赛，但技术与战术水平提高很快，达到了世界先进水平，以汤仙虎，侯加昌为代表的中国选手体现了快攻打法特点。快攻打法除了脚步移动快，还表现在后场跳起扣杀后快速上网高点击球、两边起跳突击、发球抢攻等方面，特别是他们"快、狠、准、活"的技术风格，以绝对优势压倒了印尼队和欧洲队，为推动世界羽毛球运动发展作出了巨大贡献。从此，中国的快攻技术开始被国际羽坛所接受。到 60 年代末 70 年代初，在研究中国技术特点的基础上，世界羽坛注重了速度和进攻，发展了新技术；出现了以印尼梁海量为代表的劈杀技术，以林水镜为代表的双脚起跳扣球技术，使世界羽毛球技术水平迅速提高。

第三次飞跃

第三次飞跃是 80 年代，世界羽坛技术与战术向快速进攻、全面、多变的方向发展，以中国、印尼、印度、丹麦、马来西亚、韩国为代表的各国选手打法更全面，变化更多，速度更快，特长突出，攻守兼备而各领风骚，技术已达到炉火纯青的地步，进入了世界羽毛球运动史上的巅峰期。

80年代初，代表人物有林水镜、韩健、栾劲、苏吉亚托、普拉卡什、费罗斯特、米土木、陈昌杰等。最为突出的典型是林水镜，他速度快、进攻凶狠，而费罗斯特、韩健则以控制对方后场的进攻、加强防守、创造条件抢攻而闻名。

80年代中后期，代表人物有杨阳、赵剑华、熊国宝、罗天宁、阿迪、魏仁芳、拉·西德克、朴柱奉、霍那、拉尔森等。杨阳、赵剑华将快、狠、准的打法发展成拉吊进攻和变速突击的打法；阿迪、魏仁芳发展了技术全面、快速、准确的打法。到了90年代，老将的技术达到炉火纯青的地步，而新的技术又开始形成。印度尼西亚年轻集团军和韩国的凶狠、马来西亚西德克兄弟的拉吊技术以及中国吴文凯、刘军为代表的快攻型打法在世界羽坛上各领风骚。

世界女子羽毛球运动起步较晚，它的技术也是随着男子的技术提高而提高的。20世纪40年代末期至50年代初期，丹麦女子选手的技术领先一步，她们获得全英羽毛球锦标赛七项单打冠军、五次双打冠军，到了50年代中期至60年代中期，美国女选手吸收了男子快攻、打吊等羽毛球打法，竞技实力显著增强，从1954年至1967年14届全英锦标赛，她们获得了13次女单冠军，并获3届尤伯杯赛冠军。60年代末期，日本女队在进攻的基础上加强了防守，以严密的防守，寻找进攻机会，从而显示了相当的优势。她们从1965-1981年接连5次获得尤伯杯冠军，6次获全英锦标赛女单、女双冠军。

中国女子羽毛球从50年代起步，60年代达到世界先进水平。当时以陈玉娘、梁小牧、梁秋霞为代表的中国女选手，学习男子技术动作，以快攻、灵巧的技术在各种场合击败过世界冠军。到了80年代，中国女子羽毛球队和男子队一样，全面走向世界，以张爱玲、韩爱萍、李玲蔚等为代表的中国女队，技术全面、打法多变。主动积极、快速突击性强，开创了世界女子羽毛球技术与战术的全盛时期。

羽毛球场上的朋友——米娜提
（印度尼西亚）和梁小牧（中国）

90年代出现了中国的唐九红。黄华、叶钊颖和印尼的王莲香、韩国的方珠贤等为代表的世界级优秀选手，女子技术动作更接近男子，比赛更加紧张激烈。

综观世界羽坛，世界羽毛球运动技术与战术发展总趋势正在向"快速、全面、进攻和多拍"方向发展，快速反映在出手动作、步法移动和判断反应以及战术变化等方面的速度加快；全面是指技术全面，攻守兼备，控球能力强，具有良好的身体素质和心理素质；进攻是凭技术特长，采用先发制人，积极主动，以抢攻为主；多拍是在战术变化中，从若干次攻守回合中，提高控球能力，减少失误，力争主动，控制比赛局面。

从90年代世界羽坛发展趋势来看，实力优势仍在亚洲，男子以印度尼西亚、马来西亚、韩国、中国四驾马车为主，印度尼西亚继续保持强劲势头。除此以外，欧洲的丹麦、瑞典也在奋起直追，有望再展雄风。女子以中国、印尼、韩国三国鼎立于世界女子羽坛，继续保持绝对优势，但欧洲的瑞典、丹麦、英格兰选手也正在悄悄崛起。

显然，世界羽毛球运动的格局正在向多元化的方向发展，欧亚对抗的局面正在逐步形成，世界羽坛的全盛时期有望早日到来当前，世界羽毛球运动的技战术发展趋势朝着更加"快速、全面、进攻、多变、特长突出"的方向发展。

羽毛球技战术向更加快速的方向发展依然是总趋势中的一个重要方面。世界级优秀选手所具备的基本条件是在快速的运动中能全面掌握和运用各项基本技术；快速能力的体现更侧重于变速进攻，进攻技术也更着重于发展具有个人特色的快速、凶狠的变速突击技术。欧洲选手利用身材高大有力，已从偏重控制底线的打法转向强调进攻、突出发球抢攻、以下压控制网前为主的打法方向发展。亚洲选手则更着重利用自身灵活而突出在技术全面的基础上发展变速突击，打法以拉开结合变速突击为主。

尽管欧亚选手在战术的组织上各有其不同的特点，但在突出快速、进攻，强调提高进攻的威胁性和有效率这方面却是共同的。同时，对网前的争夺也越来越激烈，除了抢高点击球外，也更重视网前技术的质量与变化，比赛中能否有效地控制网前，已成为高水平运动员获取进攻机会和得分的主要手段。

中国羽毛球运动的发展

现代羽毛球运动约于1910年传入我国，最早在上海，随后在广州、天津、北京、成都等城市的基督教青年会和学校中有所开展。新中国成立后，党和政府十分关心人民群众的健康，体育运动得到了蓬勃的发展，羽毛球运动也逐渐为群众所喜爱，并作为我国重点开展的项目之一。1953年在天津首次举办了全国比赛，当时只有五个队19名选手参加。

1954年，先后一批报效祖国的赤子回国，并带回了先进的羽毛球技术，同时组建了国家集训队。继而我国在东南沿海几个主要大城市也成立了以归国华侨青年为骨干的羽毛球队，在"破除迷信，解放思想，走自己的路"的思想的指导下，我国羽毛球运动员总结了国内外羽毛球运动的经验教训和技术资料，结合自己的运动实践进行了探索，不断改进训练方法。其中，福建省运动队主要在技术的手法上、广东队主要在步法上进行了改革和突破。同时借鉴我国乒乓球运动的成功经验，并通过对多年训练和比赛实践经验的总结，提出了"以我为主、以快为主、以攻为主"的积极打法。后来，又经过不断的总结和完善，逐步形成了中国羽毛球运动所持有的"快、狠、准、活"技术风格。我国运动员怀着一颗勇攀世界羽坛技术高峰、为国争光的雄心大志，吸取了国外的一些先进的运动训练方法，勤学苦练，自觉地贯彻了"从难、从严、从实战出发，进行大运动量训练"的"三从一大"训练方针，运动技术水平得到了进一步的提高。

但由于政治上的原因，当时我国未加入国际羽联，故未参加世界性锦标赛。但是在国际相互的交往中，多次与当时的世界强队进行过较量，都取得了优异的成绩。被许多外电报誉为"无冕之王""冠军之冠军"等。

直到1981年5月，国际羽联重新恢复我国在国际羽联的合法席位，实现了我国运动员多年的夙愿——逐鹿世界羽坛，争夺世界桂冠，为国争光。

1981年7月，在第1届世界运动会上（美国洛杉矶），我国运动员陈昌杰、孙志安、姚喜明、刘霞和张爱玲夺取了男女单、双打的四项冠军。1982年，我国第一次参加了全英羽毛球比赛，张爱玲夺得女子单打冠军，徐蓉/吴健秋夺得女子双打冠军，栾劲勇夺男子单打冠军。同年，中国队第一次参加"汤姆斯杯"赛，在第一天1：3非常不利的情况下，奋力拼搏，最终以5：4击败羽坛劲旅印尼队，夺得冠军。1984年，在马来西亚的吉隆坡，我国羽毛球女队又夺得了第10届"尤伯杯"。

紧随其后，我国又涌现出了杨阳、赵剑华、熊国宝、李永波、田秉义和林瑛、吴迪茜、李玲蔚、韩爱萍等一批世界羽坛顶尖高手，从而进一步奠定了我国羽毛球技术水平处于世界羽坛领先地位的基础，在一系列世界大赛中为祖国夺得了众多的金牌，创造了中国羽毛球历史上的辉煌时期。进入 90 年代，随着杨阳、赵剑华、李玲蔚等一批优秀运动员的相继退役，我国暂时出现了一段青黄不接的时期，而印尼经过了多年的励精图治，涌现了一批以阿迪、王莲香为代表的新秀，韩国、马来西亚时有新人涌现，欧洲也重新崛起，世界羽坛进入了群雄抗衡的时代。

在巴塞罗那奥运会上，我国羽毛球项目竟与金牌无缘。直到 1995 年才逐渐步出低谷，首次夺得"苏迪曼杯"。1996 年，在亚特兰大奥运会上，葛菲/顾俊勇夺女双冠军，实现了我国羽毛球项目在奥运会上零的突破。1997 年，我国运动员再次夺得"苏迪曼杯"，同时在世界锦标赛上获得了女单、女双和混双三块金牌，开始步入再铸辉煌的历程。

2000 悉尼奥运会羽毛球赛男子单打、女子单打、女子双打、男女混合双打冠军，2004 年雅典奥运会羽毛球赛女子单打、女子双打、男女混合双打冠军，2008 年北京奥运会羽毛球赛男子单打、女子单打、女子双打冠军，2012 年伦敦奥运会羽毛球赛包揽男子单打、女子单打、男子双打、女子双打、混合双打五项冠军；在 1987 年、2010 年、2011 年世界羽毛球锦标赛上三次包揽男子单打、女子单打、男子双打、女子双打、混合双打五项冠军。

PART 3 风格流派

羽毛球从诞生到发展，给世界创造了无数精彩和辉煌。

它不仅给人们留下了酸甜苦辣的回忆，也改变了诸多人生的命运，更带来了一代又一代的追随者。

我们无法准确地追溯羽毛球真正的发源地，有的说它来自于印度的浦那，有的说它来自于英国的伯明顿。至于它的价值，我们想从技术流派的继承和发展聊聊它的点点滴滴。

在打羽毛球的人群中，不乏玩球的领军人物。他们最初拿起羽毛球拍的时候，也不知道是如何玩。但时间长了在领军人物的琢磨和研究下，逐渐形成了一种前后左右的打法。进入五十年代，人们形成了长距离前后左右对击的概念，即我们今天所说的四方球。它的特点是慢打，软打，稳打和防守（慢速度的）。久而久之形成了这种传统性的打法。

进入了六十年代，技术有了新的发展。在慢和稳的基础上加快了节奏，出现了快速进攻，很大程度上改变和扭转了传统式的打法。

到了七十年代，各种打法出现，有打四方球为基调转为进攻的，有以进攻为主要特点的，有通过后场控制网前侍机进攻的等各种风格流派。

在进入八十年代之后，世界羽毛球的风格和流派日趋成熟，完全改变了传统式的打法，潮流都朝着全面、快速和变速突击进攻的方向发展。最突出的是抓住了控制对方后场的打法，全面提高了控制与反控制的技术能力。

以上种种的打法逐渐在欧、亚两大区域和各国开展起来。

欧州打法

欧美运动员在改变以往的稳和准的打法的同时，为了跟上快速发展的需要，重点改进了场上的速度和步法的移动速度，采用小步加大步的步法特点，初步达到了场上整体快速的节奏。

此种打法延续到了七十年代，欧州运动员开始意识到并重视起上网的技术。同时进一步加快了进攻的速度，并且有了显著的突破性的效果。

他们的技术打法主要是采用高远球和吊网前球，网前挑高球和拉吊四方球，然后寻找机会进行扣杀。

由于当时这种风格和流派还没有形成趋势，一部分人刚刚从传统的打法中走出来，不敢贸然地去主动进攻。因此，很大一部分人仍然采用以防守为主的打法。

欧州人有独特的条件和优势。他们有高大的身躯和无比的力量，其反手回球的力量更显示出威力，手法技术也很注重回球的落点和品质。但欧州人天生缺少亚州人的灵活，灵敏和协调性。

不过现在的欧洲人也有了质的变化。

现代的欧洲人改变过去一味偏重稳扎稳打的基本打法，而转向进攻型的打法。他们不仅加快了场上步法的移动速度，同时狠抓了后场进攻的力度。使得他们在后场的进攻显得又凶又狠，杀出的球其角度既陡而又快速。前后逾廻能快速地积极奔跑，做到有品质的到点到位。

特别是男子技术，能做到先发制人抢攻在先和合理的控制局面。其下压的频率明显的增多，进攻的威胁显得越来越凶狠。

目前的欧洲选手在很大程度上已构成对亚洲选手的严重威胁。

亚州打法

亚州人体型较小，但有着相当的灵敏和协调性，在稳准的基本框架下力求做到快速进攻。以羽毛球王国印尼为代表的亚洲人，他们在稳准的基础上，发展和形成了适合亚州人自身特点的在进攻上加速度的打法。他们以此种打法确保了印尼队在以后历届的汤姆斯杯的决赛中获得冠军。

历史的座标记载了印尼人独特的技术风格。此后，他们又加强了小臂和手腕力量的训练，在快速提高场上步法移动速度的同时，进一步加强了步法系统中弹跳和蹬跨的顶尖步法的训练。

上手击球的抢点高度迅速加强，上手的扣杀技术和快速吊球以及劈杀技术迅猛提高。网前采用的搓球和平推球技术增添了前场进攻的威胁。其左后场的球都采用头顶侧身还击的打法。

中国打法

中国人特有的精明灵巧和聪明智慧是无可比拟的。中国人针对欧洲人和印尼人的特点加以深层次的研究和探索，从而形成了自己的风格并被借鉴效仿。

中国羽毛球队提出的快，狠，准，活的打法特点，成了当今世界羽坛奋斗的目标。中国队强调以快当头，以我为主，以攻为主，这样才能全面贯彻快狠准活的方针。在这个原则基础上逐步形成了我国运动员的各种风格和流派。

临场狠抓下压技术，然后上网控制网前，而后创造进攻机会的打法。中国运动员运用了上述打法，确保了中国队在六十年代中期就达到了世界级的最高水准。

PART 4 场地设施

据国际羽联规定，白线以内（含白线）区域均为球场。白线至界限区域为外球场，界限以外设施则称之附属设施。

场　地

标准场地

标准的羽毛球场地，占地面积应不小于 $106.5m^2$（长 15 米、宽 7.1

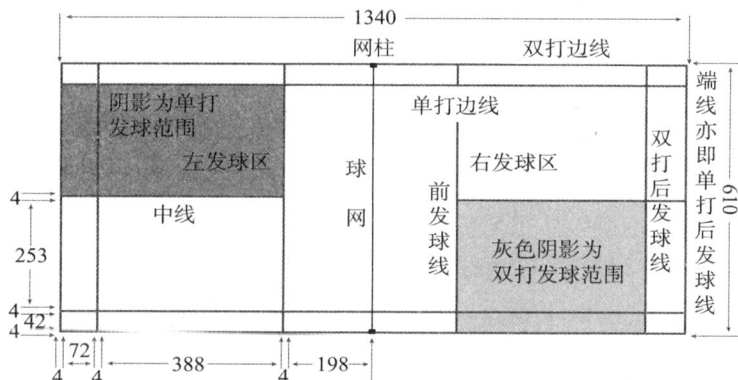

（单位：厘米）
双打球场对角线长＝14.723米；
单打球场对角线长＝14.366米；
此场地可用于单、双打比赛；

羽毛球标准场地规格图

米），其中画线区域的主赛场标准尺寸为长 13.40 米，单打场地宽 5.18 米、双打场地宽 6.10 米。球场四周 2 米以内、上空 9 米以内不得有任何障碍物。场地线的颜色最好是白色、黄色或其他容易辨别的颜色。场地上的画线的宽度均为 4 厘米，所有场地线都是它所确定区域的组成部分。

从地面至天花板的高度应为 6.1m～9.2m 之间。基于安全考虑，边线及底线的外围还分别要有 1m～2m 以上的空间。

比赛场地一般采用 PVC 塑胶运动地板，PVC 塑胶运动地板的弹性，滑涩程度适中。

标准场地的地面画法

中线

画中线，并取中心点，这条 13.40 米线应把长方形场地宽平分成两半，它的 1/2 处便是中心点 O。从 O 点向纵轴线的两个方向各量 6.7 米，即为场地的中线，a、b 在中线的端点。

端线

过 a 和 b 各作一条垂直中线的直线，从 a 和 b 各向直线两端量出 3.05 米的距离，分别得出 c、d 和 e、f 四点。使 cd 和 ef 这两条线的外缘分别通过 a 和 b，cd 和 ef 即是球场的端线，也是单打场地的后发球线。连接 ce 和 df，并使其外缘通过 c、e、d、f，ce 和 df 即为双打场地的两条边线。

（1）单打场地的两条边线

从双打场地的四个顶点 c、d、e、f 分别向端线内量 0.46 米，找出 g、h、i、j 四点，这就是单打场地的四个顶点。连接 g、j 和 h、i 即为单打比赛得两条边线。同样，这两条线的外缘分别通过 g、j 和 h、i。

（2）双打比赛的后发球线

从双打场地的四个顶点 c、d、e、f 分别向边线内量 0.76 米，找出 k、l、m、n 四点，用直线连接 k、l、连接 n、m，这两条线即为双打比赛的后发球线。

前发球线

从双打场地得四个顶点 c、d、e、f 分别向边线内量出 4.68 米，找出 p、q、r、s 四点，连接 p、q 并使直线外缘通过 p、q，连接 r、s 并使直线外缘通过 r、s，就画出 pq 和 rs 两条前发球线。

检验标准

一块羽毛球比赛场地能否画得标准，关键是要找准场地四个顶点 c、d、e、f 的位置。检验方法是用钢尺测量场地两条对角线 cf 和 de 的长度。标准场地 cf 和 de 的长度均为 14.723 米。

网 柱

从球场地面起，网柱高 1.55 米。当球网被拉紧时，网柱应与地面保持紧拉状态，网柱应放置在双打的边线上。如不能设置网柱，必须采用其他办法标出边线通过网下位置。例如，使用细柱或 40 毫米宽的条状物固定在边线上，垂直向上到网顶绳索处。在双打球场上，不论是单打还是双打比赛，网柱都应放置在双打边线上。

球 网

羽毛球网长 6.10 米、宽 76 厘米，为优质深色的天然或人造纤维制成，网孔大小在 15－20 毫米之间，网的上沿应缝有 75 宽的双层白布（对折而成），并用细钢丝绳或尼龙绳从夹层穿过，牢固地张挂在两网柱之间。标准球网应为黄褐色或草绿色。网柱高 1.55 米，无论是单打或双打，两根网柱都应分别立在双打场地边线的中点上。正式比赛时，球网中部上沿离地面必须为 1.524 米高，球网两端高为 1.55 米。球网的两端必须与网柱系紧，它们之间不应该有缺缝。

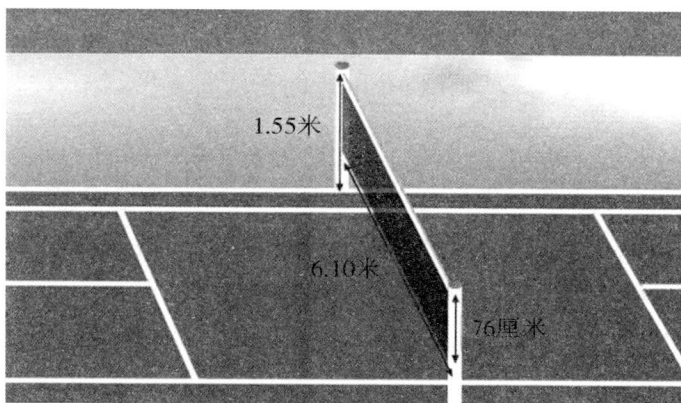

羽毛球球网

灯　光

比赛应在场地四周比较暗的环境中进行，因此，赛场上空的灯光至关重要。一般灯光的设计和布局有两种方法：一种是自炽灯泡，安装在球场两侧网柱的上空；另一种是荧光灯，挂在与球场边线平行并且长度一样的地方。为避免自然光线的干扰，场馆内应挂上窗帘，场地上的照明度要求达到 500～750 勒克斯。

羽毛球

球可由天然材料、人造材料或用它们混合制成。只要球的飞行性能与自然羽毛和包裹羊皮的软木球托制成的球性能相似即可。

羽毛球的一般样式

球应有 16 根羽毛固定在球托部。羽毛长 62～70 毫米，每一个球的羽毛从球托面到羽毛尖的长度应一致。羽毛顶端成圆形，直径为 58～68 毫米。羽毛应用线或其他适宜材料扎牢。球托底部为圆球形，直径为 25～28 毫米。球重 4.74～5.50 克。

非羽毛制成的球

用合成材料制成裙状或如天然羽毛制成的球状。球托直径 25～28 毫米，底部为圆形。尺寸和重量同上；但由于合成材料与天然羽毛在比重、性能上的差异，可允许不超过 10% 的误差。只要球的一般式样、速度和飞行性能不变，经有关组织批准，以下特殊情况可以不使用标准球。由于海拔或气候等条件不宜使用标准球时；只有更改才有利于开展比赛时。

球的检验

验球时，在端线外用低手向前上方全力击球，球的飞行方向应与边线平行。符合标准速度的球，应落在离对方端线外沿 530～990 毫米之间的区域内。

羽毛球拍

球拍的各部分规格要求如下所述：球拍由拍柄、拍弦面、拍头、拍杆、连接喉构成。拍柄是击球者握住的部分。拍弦面是击球者用于击球的部分。拍头界定了拍弦面的范围。拍杆连接拍柄与拍头。连接喉（如果是这样的结构）连接拍杆与拍头。拍头、连接喉、拍杆和拍柄总称球拍框架。球拍长不超过 680 毫米，宽不超过 230 毫米。

拍弦面应是平的，用拍弦穿过拍头十字交叉或其他形式编织而成。

羽毛球和球拍

编制的式样应保持一致，尤其是拍弦面中央的编织密度不得小于其他部分。

拍弦面长不超过 280 毫米，宽不超过 220 毫米。不论拍弦用什么方式拉紧，规定拍弦进连接喉区域不超过 35 毫米，连同这个区域在内的整个拍弦面的长度不超过 330 毫米。

球拍不允许有附加物和突出部，除非是为了防止磨损、断裂、振动或调整重心的附加物，或预防球拍脱手而将拍柄系在手上的绳索；但其尺寸和位置应合理，不允许改变球拍的规定样式。

PART 5 竞赛规程

每次比赛的竞赛规程由竞赛的主办单位根据当时的比赛宗旨以及各方面的综合因素制定，但不能违背羽毛球竞赛规则和我国羽毛球协会制定的羽毛球竞赛章程。竞赛规程是比赛的法规，是竞赛工作的依据，它的修改和解释权都属于规程的制定者。羽毛球竞赛规程的主要条款和制定该条款内容需考虑的问题大致如下：

1. 比赛名称

能基本反映该次比赛的性质，比赛的参赛地区（国际、全国、省市或系统）、对象（年龄）、项目（团体、单项），举办的年份或届数等。杯赛的冠名能反映出该次比赛的主办者或赞助者。

2. 比赛的主办单位

该项内容可以包括：主办者、承办单位、协办单位、赞助单位。

3. 比赛日期和地点

比赛的年、月、日，比赛的城市和比赛场地。

4. 竞赛项目

可以根据比赛的要求设立团体或单项，并说明年龄组等。

5. 参加单位

规定参赛的范围或列出具体的邀请单位。

6. 报名办法

（1）报名条件：身体健康、年龄限制（青少年比赛和分龄组比赛）、运动员隶属资格。

（2）报名人数：领队、教练员、运动员的人数规定，各单项赛运动员数和单项赛有无兼项限制。

（3）报名日期：报名的开始日期和截止日期。

（4）报名单送交的地址和联系人以及电话、电传。

7. 竞赛办法

（1）团体赛

说明采用几场制，如三场制（两单一双）或五场制（三单两双），并说明是否必须赛满三场（或五场）。

比赛运动员是否需按运动员的技术水平顺序排列。

交换出场运动员名单的时间和地点。

比赛采用循环赛还是淘汰赛，是否分阶段等。

（2）单项赛

比赛采用循环赛还是淘汰赛，是否分阶段等。

8. 各项目的录取名

9. 弃权的处理

有关弃权的规定，如时间界限，处罚办法等。

10. 奖励办法

11. 比赛用球的牌号

12. 裁判长和裁判员

裁判长和裁判员的来源和等级要求，报到日期。

13. 经费

报名费、交通费、食宿费等。

14. 竞赛补充规定

如果需要，可在规程中写明。

PART 6 竞赛规则

羽毛球项目是国家奥运夺金计划的重点项目之一，与其他运动项目相比较，它有其自身的制胜规律。

羽毛球游戏刚兴起时，没有人数、分数和场地的限制，参与者只需要互相对击，现代羽毛球从伯明顿庄园开始，有了一定的分数、场地和人数限制；1875 年，第一本关于羽毛球规则的书在英国问世。当时的规则很简单，规定了场地呈长方形，中间挂网的高度，双方对击的要求，并没有单打，双打的区别。

自 1873 年羽毛球诞生以来，就有了相应的比赛规则。100 多年来，已对规则进行了多次的修改和补充，每一次的修改都带动羽毛球技、战术的发展和创新，而新的技、战术的出现又促进了规则的完善。

随着人们观赏水平的提高及技术、战术的发展，规则也随之变化，出现了单、双打场地的区别及发球区的规定，发球得分及发球得分后的换区等规则，为了使比赛激烈、精彩，又规定了双方打满 13 平、14 平（女子单打打成 9 平、10 平）时要进行加分比赛。现时国际羽联已制定了新的规则，规定只有双方打满 14 平（女子单打打成 10 平）时才可进行加分比赛；又将每局比赛之间的休息时间加以限制，力求使羽毛球比赛更加紧张激烈、精彩纷呈。

2006 年 5 月开始正式执行的 21 分赛制对现在所有的羽毛球运动员、教练员和科研人员来说甚至是颠覆性的新生赛制，由于现役的大多数羽毛球运动员从小只在 15 分（女子单打 11 分）赛制中成长，所以转换赛制后必定对他们有所影响，尤其在 2006 年举行的各种国际大赛中，中国队成绩出现一定程度上的变更。

21 分制与原来的 15（或 11）分赛制相比在竞赛特征上具有许多显著的自身特点。例如比赛进程缩短，比赛的偶然性加大，比赛节奏加快要求运动员进入比赛状态加快，运动员的心理承受力要求加大，技战术上产生重大影响。

挑　边

裁判员带运动员进入场地：招呼双方运动员准备挑边，与双方运动员握手，同时面带微笑并祝双方运动员好运。

示意挑边器：由双方运动员进行选择，并确认双方所选择的颜色。裁判员所站的位置最好在球网边，离裁判椅距离大概 2 米左右，并面向发球裁判的方向。

公正投掷挑边器：裁判员掷挑边器时，尽可能让其在空中多次翻滚，最好让其落入手中，或打开、或放在板夹上。一是避免其直上直下，造成不公正选择；二是尽量不要让挑边器落到场地上，避免其在场地内滚动，运动员和裁判员随着挑边器而跑动，影响裁判员形象。

确认挑边结果：向双方运动员展示挑边结果，并让赢的一方首先进行选择场区或是发球与接发球。输的一方在余下的一项中选择。如果赢方选择了首先接发球，裁判员一定要告诉另一方运动员，在选择场区后同时要首先发球。

记录挑边结果：记录首先发球方或接发球方及运动员所在的场区。双打比赛时，还应确认首先发球员和首先接发球员，为比赛开始宣报做准备。

与其他场地裁判员沟通：将挑边结果告诉发球裁判员和记分员，使记分器能准确地显示出双方运动员的姓名和所在的场区。

启动秒表：挑边后要及时启动秒表，一般掌握在三分钟内开始比赛

（如有电视直播，根据裁判长的要求确定比赛开始时间）。

挑边虽然不能决定比赛的胜负，但在最初选择时能代表运动员的一种心态。根据不同的场地、不同的对手及教练员布置的战术，运动员都希望自己能有一个好的开端。因此，顺利地进行挑边可以为这一场比赛打下良好的基础。

计分方法

国际羽联对 21 分制做了最后修订，并宣布新规则将从 2006 年 2 月 1 日起正式实施。据介绍，新规则的最大变化是取消了发球得分制，另外将所有单项的每局获胜分统一定为 21 分。具体规定如下：

单打

（1）每场比赛采取三局两胜制；（2）率先得到 21 分的一方赢得当局比赛；（3）如果双方比分打成 20 比 20，获胜一方需超过对手 2 分才算取胜；（4）如果双方比分打成 29 比 29，则率先得到第 30 分的一方取胜；（5）首局获胜一方在接下来的一局比赛中率先发球；（6）当一方在比赛中得到 11 分后，双方队员将休息 1 分钟；（7）两局比赛之间的休息时间为 2 分钟。

双打

（1）改双发球权为单发球权；（2）后发球线保留，现行规则适用；（3）比赛开始前，双方通过投掷硬币方式确定由哪一方来选择是先发球或后发球。

新旧规则比较

1. 每球得分 21 分制

旧规则：15 分制（女单 11 分制），获发球权者方可得分。

新规则：21 分制，任何一方只要将球打"死"在对方的有效位置，或者因为对方出现违例或失误，均可得分。取消有发球权的一方方可得分的规则后，大大加快了比赛速度。

2. 增加技术暂停

旧规则：球员在比赛中可向裁判提出暂停比赛，到场边擦汗，喝水或绑鞋带。

新规则：除非特殊情况（比如地板湿了，球打坏了），球员不可再提出中断比赛的要求。但是，每局一方以 11 分领先，比赛进行 1 分钟的技术暂停，让比赛双方进行擦汗，喝水。

以往，在一场激烈的比赛中，擦汗，喝水，绑鞋带或者换球等举动往往被球员当成一种战术。现在，新规则腾出了技术暂停时间，球员除了把技术发挥好，其他"伎俩"都难以实现。

3. 平分后的加分赛

旧规则：比赛双方打成 13 平，14 平，先获 13 或 14 分的一方，有权决定双方加打 5 分或 3 分（女单出现 9 平或 10 平时，可分别要球加打 3 分或 2 分）。

新规则：每局双方打到 20 平后，一方领先 2 分即算该局获胜；若双方打成 29 平后，一方领先 1 分，即算该局取胜。

这些细则的变化对比赛整体的冲击不是太大。尽管规则要球在 20 平后，双方须有 2 分的差距，但因为取消了发球权，因此不会造成比赛的拖沓。

4. 取消第二发球

旧规则：双打赛，一方的一名球员失去发球权后，本方的另一名球员还有一次发球权。新规则：得分者有发球权，如果本方得单数分，从左边发球；得双数分，从右边发球。解读：推行每球得分制后，取消双打第二发球权也是顺理的。从试行新规则的比赛看，双打运动员因为赛制的改变面临着配合战术的改变。

5. 取消后发球线

旧规则：双打除了有前发球线，还有后发球线。

新规则：取消后发球线。

没有后发球线后，发球方可以大胆地发后场球，这对接球方提出更高的要求，很多球员还很不适应，造成接球失误。

交换场地

1. 第一局结束
2. 第二局结束（如果有第三局）
3. 第三局或只进行一局的比赛进行至一方球员率先得到 11 分时。
4. 运动员未按以上规则交换场区，一经发现在死球时立即交换，已得分数有效。

合法发球

发球时任何一方都不允许非法延误发球；发球员和接发球员都必须站在斜对角发球区内发球和接发球，脚不能触及发球区的界线；两脚必须都有一部分与地面接触，不得移动，直至将球发出；发球员的球拍必须先击中球托，与此同时整个球要低于发球员的腰部；击球瞬间，球拍杆应指向下方，从而使整个拍头明显低于发球员的整个握拍

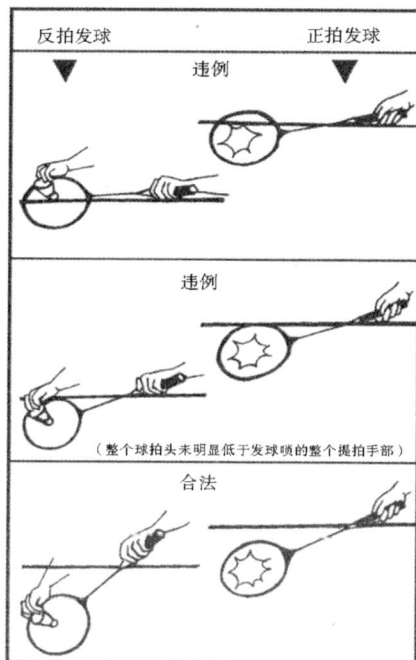

反拍发球　　　　　　　　正拍发球

违例

违例

（整个球拍头未明显低于发球喷的整个握拍手部）

合法

合法发球示例

手部。

发球开始后，发球员的球拍必须连续向前挥动，直至将球发出；发出的球必须向上飞行过网，如果不受拦截，应落入接发球员的发球区内；一旦双方运动员站好位置，发球员的球拍头第一次向前挥动即为发球开始；发球员须在接发球员准备好后才能发球，如果接发球员已试图接发球则被认为已做好准备；一旦发球开始，球被发球员的球拍触及或落地即为发球结束；双打比赛，发球员或接发球员的同伴站位不限，但不得阻挡对方发球员或接发球员的视线。

单 打

男子羽毛球单打

发球区和接发球区规则：

发球员的分数为 0 或双数时，双方运动员均应在各自的右区发球或接发球。发球员的分数为单数时，双方运动员均应在各自的左发球区发球或接发球。

击球顺序和位置：发球员和接发球员应交替对击直至"违例"或"死球"。

得分和发球：接发球员违例或因球触及接发球员场区内的地面而成死球，发球员就得 1 分。发球员再从另一发球区发球。发球员违例或因球触及发球员场区内的地面而成死球，发球员就失去该次发球权，双方均不得分。

双 打

一局中，发球方的分数为 0 或双数时，发球方均应从右发球区发球；一局中，发球方的分数为单数时，发球方均应从左发球区发球；接发球方上一回合最后一次发球的运动员应在原发球区接发球。他的同伴接发球的站位与其相反；接发球员应是站在发球员斜对角发球区的运动员；发球方每得一分后，原发球员则变换发球区再发球。除发球错误外，发球都应从与发球方得分相对应的发球区发出。

击球顺序和位置：每一回合发球被回击后，由发球方的任何一人和接球方的任何一人，交替在各自场区的任何位置击球，如此往返直至死球。

得分和发球：发球方胜一回合则得分，随后发球员继续发球。接发球方胜一回合则得一分，随后接发球方成为新发球方。

发球顺序，每局比赛的发球权必须如下传递：首先是发球员，从右发球区发球。其次是首先接发球员的同伴，从左发球区发球。然后是首先发球员的同伴。接着是首先接发球员。再接着是首先发球员，如此传递。运动员在比赛中不得有发球、接发球顺序错误或在一局比赛中连续两次接发球。

女子羽毛球双打

一局胜方的任一运动员可在下一局先发球；一局负方的任一运动员可

在下一局先接发球。

发球区错误

以下情况为发球区错误：发球或接发球顺序错误；在错误的发球区发球或接发球。如果发现发球区错误，应予以纠正，已得比分有效。

违例行为

1. 发球时违例。整个球拍头未明显低于发球员的握拍手，或发球时球高于发球员的腰部。

2. 发球员在发球时未能击中球。

3. 发球挥拍不连续，并延误发球时间。

4. 发球时，球未落在规定的接发球区内，挂在网上、网顶或落在网后。

5. 比赛中，球从网下或网孔中穿过或不过网。

6. 比赛中，击球者球拍与击球点不在自己球网一方，属过网击球。

7. 比赛中，球碰触到运动员的身体或衣物，或碰触到天花板、四周墙壁。

8. 比赛中，运动员的球拍、身体或衣物碰触到球网或网柱。

9. 比赛中，运动员的身体或球拍从网下侵入对方场区。

10. 比赛中，运动员故意扰乱、影响对方进行正常比赛的任何举动。

11. 击球时，球停滞在球拍上，接着又被拖带。

12. 同一名运动员两次挥拍，并连续两次击中球，或是同一方的两名运动员连续各击中球一次。

13. 球触及运动员的球拍后，继续向场外飞行并落在界外。

重发球

1. 发球运动员在接发球运动员没有做好接发球准备前发球。这时一般接发球运动员会举手示意自己还没有做好准备。

2. 在发球过程中，发球运动员和接发球运动员都被判罚违例时。这种情况较多发生在发生发球区错误时，即发球运动员站错区或者是发球运动员的同伴发球，并且得分。关于发球区错误的处理另有专门说明。

3. 除发球外，比赛进行中羽毛球过网后挂在网上或停在网顶，应判重发球。这里要注意的是，第一，发球时球停在网顶或过网后挂网，是发球方违例，判对方得分；第二，击球时球未过网而挂在网上，是击球方违例，要判对方得分。这两种情况都不应判为重发球。

4. 比赛进行中，羽毛球的球托与球的其他部分完全分离。业余比赛中，用球质量较差，有时会发生这类现象。专业比赛中很少见。

5. 裁判员认为比赛被干扰或教练员干扰了对方运动员的比赛。羽毛球比赛中，教练员不能在比赛中对运动员进行喊叫和指导以影响和干扰运动员比赛。

6. 比赛进行中，司线员视线被挡或因其他原因未能看清球的落点，裁判员也无法做出判决时，裁判员应判重发球。

7. 比赛中如遇到不能预见或意外的情况，裁判员应判重发球。比如场地光线突然变化、有其他人员进入场地、有异物落入场地、球网突然滑落等等。

8. 因场地原因（如天花板过低）双方商定的特殊情况。

重发球要由裁判员宣报，重发球时，该次发球无效，由原发球运动员在正确的发球区重新发球。

死　球

1. 球撞网并挂在网上，或停在网顶；
2. 球撞网或网柱后开始向击球者这一方下落；
3. 球触及地面；
4. 已宣报"违例"或"重发球"。

在一个回合中，球通过网柱外侧掉进场内，是否应判违例？根据羽毛球世界联合会的答复，此现象没有被列入"违例"条款，因此不算一次违例。

比赛间歇、　暂停及处罚

连续：比赛从第一次发球起至比赛结束应是连续的。

间歇：下列比赛中，每场比赛的第二局第三局之间应允许有不超过5分钟的间歇；

1. 国际比赛项目；
2. 国际羽联批准的比赛；
3. 在所有其他的比赛中（除非该国家组织预先公布不允许这一间歇）。

比赛暂停：遇有不是运动员所能控制的情况，裁判员可根据需要暂停比赛。如果比赛暂停，已得分数有效，续赛时由该分数算起。

1. 不允许运动员为恢复体力或喘息，或接受场外指导而中断比赛。

2. 比赛时不允许运动员接受指导。

3. 在一场比赛中，运动员未经裁判员同意，不得离开场地。

4. 只有裁判员能暂停比赛。

运动员不得有下列行为：

1. 故意引起比赛中断；

2. 故意改变球的速度；

3. 举止无礼；

4. 规则未述的其他不端行为。

对犯规者的处罚：

1. 警告；

2. 对已被警告过的一方判违例。

3. 对严重违反或屡犯者判违例并立即向裁判长报告，裁判长有权取消其比赛资格。

4. 未设裁判长时，竞赛负责人有权取消违反者的比赛资格。

裁判职责和申诉受理

1. 裁判长对比赛全面负责。

2. 临场裁判主持一场比赛并管理该球场及其周围。裁判员应向裁判长负责。

3. 发球裁判员应负责宣判发球员的发球违例。

4. 司线裁判对球在其分管线的落点宣判"界内"或"界外"。

5. 临场裁判员对其所分管职责内的事实的宣判是最后的裁决。

6. 裁判员应做到：维护和执行羽毛球比赛规则，及时地宣报"违例"或"重发球"等；对申诉应在下一次发球前作出裁决；使运动员和观众能随时了解比赛的进程；与裁判长磋商后撤换司线或发球裁判员；在缺少临场裁判员时，对无人执行的职责作出安排；在临场裁判员未能看清时，执行该职责或判"重发球"；记录与规则 16 有关的情况并向裁判长报告；将所有与规则有关的争议提交裁判长。类似的申诉，运动员必须在下一次发球击出前提出；如在一局比赛结尾，则应在离开赛场前提出。

PART 7 裁判标准

裁判长的职责

（一）比赛前

1. 阅读本次比赛的竞赛规程和文件

2. 了解比赛概况

3. 了解竞赛各有关部门及人员的联系方法

4. 核查抽签、竞赛编排等情况

5. 检查场地、设备、器材是否符合要求

6. 检查运动员检录处

7. 检查比赛用球

8. 召开裁判长、领队和教练员联席会议

9. 主持全体裁判员会议

10. 召集全体司线裁判员会议

11. 对编排记录长提出要求

12. 会见医生并提出配合要求

（二）比赛中

裁判长必须在比赛开始前到达场地，规模较大的比赛需要提前 40 分钟到达场地以便作全面的检查。

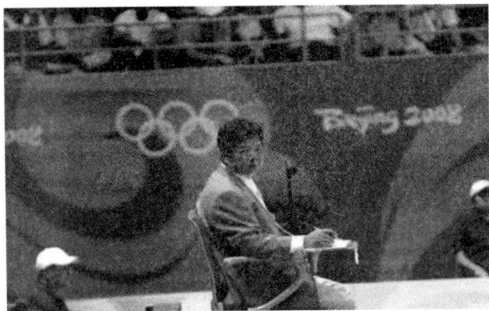

北京奥运羽毛球裁判

1. 检查场地器材
2. 测试球速
3. 裁判工作准备会
4. 检查各岗位到位情况
5. 比赛进行中的工作
6. 接受申诉的处理
7. 对破坏比赛连续性和行为不端的处理
8. 对场上受伤情况的处理
9. 关于比赛用球速度申诉的处理
10. 考察裁判员的工作
11. 审核裁判员的记分表

（三）比赛结束

裁判长在比赛结束后应写好裁判员的考核鉴定；结合裁判长报告写好竞赛及裁判小结。

裁判员的职责

每场比赛由裁判长指派一名裁判员（亦称主裁判）主持比赛，并管理该场地及其周围，比赛时坐在场外网柱旁的裁判椅上，执行竞赛规则的有关条款：及时地宣判"违例"或"重发球"，并随时在记分表上作相应的记录。对申诉应在下一次发球前作出裁决。应使运动员和观众能了解比赛的进程。可与裁判长磋商，安排、撤换司线裁判员或发球裁判员。裁判员不能推翻司线裁判员和发球裁判员对事实的裁决。当临场裁判员不能作出判断时，由裁判员执行其职责或判"重发球"。裁判员有权暂停比赛。裁判员应记录与规则第 16 条（比赛连续性、行为不端及处罚）有关的情况并向裁判长报告。执行其他缺席裁判员的职责。裁判员应将所有仅与规则有关的申诉提交给裁判长。

裁判员的工作方法

裁判员在一场比赛的工作与各时间阶段有密切的关系，为便于有条理地叙述，裁判员在一场比赛中的裁判工作可分为比赛开始前、比赛进行中和比赛结束三个阶段。其中比赛开始前又可分为进场前、进场后到比赛开始；比赛进行中可分为发球期、球在比赛进行中及死球期（发球前期）三个时间段落。裁判员的记分表记录与宣报方法是裁判员工作的重要内容，也分别予以详细叙述。

1. 进场前的工作

裁判员在接受担任某场比赛的裁判工作到进入比赛场地的一段时间内所要做的工作。

（1）检查自己的裁判用品是否备齐（记分笔、秒表、挑边器等），裁判服和裁判员标记是否整洁、符合要求。

（2）到记录台领取记分表，检查表中各项内容是否正确，填写好可以预先填写的项目，熟悉运动员的姓名和准确宣报姓名的发音。在国际比赛时，准确宣报队名和运动员姓名尤为重要。

（3）与该场比赛的发球裁判员见面问好，交代需要配合的工作，如提醒他准备比赛用球，带好运动员的姓名牌等。

（4）检查该场比赛的司线裁判员是否做好准备。

（5）在有要求时，召集比赛运动员列队入场。当发现有运动员未到时应立即报告裁判长。

（6）了解进场和退场的路线，在听到广播或裁判长示意后与其他裁判员（有时包括司线裁判员或运动员）一起进场。要注意，裁判员是该场比赛的组织者，从列队进场起，就应组织好该场比赛的所有运动员和临场裁判员在观众前亮相，行走要有精神，步子快慢要适当。

2. 挑边

裁判员最好使用一枚两边颜色不同的硬币进行挑边，先应向双方运动员交代清楚，他们各是挑边器上的哪一面（指颜色），然后用手指将硬币向上弹起使硬币快速翻滚，落地后（也有的裁判员习惯用手掌接）看是哪一边的颜色向上，就是该方运动员赢得首先挑选权。在非正式比赛或练习比赛时，也可以利用球拍两面不同的图案、字样，将拍头着地，旋转球拍柄，在球拍落地后看是哪一面的图案向上。更简单的方法是将球向空中抛起，根据球落地时球托的指向来决定哪一方有优先选择权。

双打比赛时，应问清楚在比赛开始时的首先发球员和首先接发球员，裁判员要立即在记分表上记下发球员、接发球员（双打比赛时）和比赛开始时双方的场区（在裁判员的左边还是右边）。挑边后应及时将挑边结果告知发球裁判员和记分员，使记分器上运动员的名牌能正确地表明比赛开始时双方运动员所站的场区。

3. 发球期的工作

（1）接发球员脚违例；（2）接发球员干扰；（3）双打比赛接发球；（4）发球区错误（发球、接发球方位顺序错误）；（5）接发球员未做好准备，发球员在接发球员未做好准备时将球发出，应判作"重发球"。但是如果接发球员已作了还击，则应认为已经做好准备；（6）发球员发球挥拍未击中球。遇有发球员挥拍未击中球，待球落地后裁判员报"违例"；（7）发球球过网时擦网。羽毛球比赛发球时球擦网过网与不擦网过网一样处理。如果球擦网顶过网后落在规定的发球区内仍为有效；球擦网顶过网后，落在规定的发球区外为"界外"违例。注意，不是作重发球处理；（8）发球方和接发球方同时被判违例，应判重发球。如：发球裁判员判发球员"发球过手违例"，裁判员判接发球员提前移动

"脚违例"，此时裁判员应判"重发球"。

4. 球在比赛进行中的工作

从球被发出后，一直到球落地或裁判员宣报"违例"或"重发球"，这段时间是"球在比赛进行中"。裁判员双眼要紧随着飞行的球以及注意整个球场及其周围的情况，根据规则及时作出判断和宣报。（1）球不过网（2）"界内"和"界外"（3）球碰屋顶或场外障碍物（4）球触及运动员的身体或衣物（5）网前"阻挠"（6）"侵入场区"（7）连击（8）球碰球拍后继续飞向该运动员的后场（9）死球（10）外物侵入场区（11）发生意外事故。

5. 死球期的工作

这一时间段落虽不在比赛进行中，比赛的双方处于相对静止状态，但裁判员水平高低、控制全场能力却可在此时表现出来。（1）记录（2）及时宣报（3）比分显示（4）运动员要求换球的处理（5）运动员要求换拍的处理（6）运动员要求擦汗和喝水的处理（7）运动员要求擦地的处理（8）遇有意外事故的处理（9）运动员受伤的处理（10）运动员提出申诉的处理（11）运动员延误比赛的处理（12）运动员行为不端的处理（13）比赛暂停（14）90秒间歇（15）5分钟间歇（16）交换场区

6. 比赛结束后的工作

当一场比赛最后一个球成死球后，裁判员应在记分表上写下最后一个得分数，然后宣布比赛结果（所有每一局的比分）。裁判员宣报比赛结果时要抬起头，声音响亮、清楚，节奏适当。要避免一边宣报一边与运动员握手。裁判员不要在与双方运动员握手后继续坐在裁判椅上填写记分表，因为其他裁判人员都在等你一起退场，在离开场地后，裁判员就可仔细将记分表填写完整及时交裁判长审核后交记录台。

7. 比赛时的宣报方法

宣报比赛开始

在正式宣布比赛开始前，裁判员应报"停止练习"，此时让双方运

动员做好正式比赛的最后准备。裁判员在宣报时，应该抬起头，声音清晰响亮，使运动员和观众都能听清楚。在介绍运动员姓名时，要以右手或左手指向相应的一方，不要造成当裁判员的手指向一方时，该场区的运动员还在场外。一定要在双方运动员都站好位做好发球和接发球的准备后，再报"比赛开始，零比零"（love all play）。

比赛中的宣报

（1）比分和换发球

任何时候都应将发球方的分数报在前面；在换发球时，要先报"换发球"接着报比分，而且要将新的发球方的分数报在前面。例如：甲与乙比赛，甲以5比3领先，甲又发球并胜了这一回合，裁判员就直接报分"6比3"，甲在接着的一个回合输了，裁判员应报"换发球，3比6"。

（2）界外

球落在有司线裁判员分管的线的界外时，由该司线裁判员负责报"界外"；球落在没有司线裁判员分管的线的界外时，裁判员应先报"界外"，然后接着报比分或换发球和比分，注意，此时是要将新的发球方的分数报在前面。

（3）违例

无论比赛中出现何种违例，裁判员都应立即报"违例"，然后报比分或换发球，在运动员询问或必要时作出解释，是什么违例。

（4）重发球

在比赛场上出现需要判重发球的情况时，裁判员应报"重发球"，接着将比分再报一次，一是强调比分不变，二是比赛继续，发球员可以发球了。

（5）比赛暂停

有意外事故发生或有运动员不能控制的情况，裁判员可宣报"比赛暂停"。在恢复比赛时，裁判员宣报"继续比赛"，同时报当时的比分。

（7）局点

当一方运动员再得一分即胜该局比赛时，裁判员在报比分前要加报

"局点"。

（8）场点

在一方运动员再得一分即胜整场比赛时，裁判员在报比分前要加报"场点"，方法与报"局点"相同，只是将"局点"改为"场点"。第一局的胜方在第二局到了局点时，应报"场点"，第一局的负方在第二局只有"局点"没有"场点"。而在决胜局时，双方都只有"场点"没有"局点"。

（9）90 秒间歇

在第一局比赛结束时，裁判员应宣报"第一局比赛结束×××胜，××比××，交换场地。当时间过了 70 秒时，裁判员要宣报"×号场地还有 20 秒"，此时运动员必须立即进场准备开始进行第二局的比赛。

（10）5 分钟间歇

在比赛局数成 1 比 1 时，裁判员宣报"×号场地 5 分钟间歇"，当时间过了 3 分钟时，裁判员宣报"×号场地还有 2 分钟"，当时间过了 4 分钟时，裁判员宣报"×号场地还有 1 分钟"，此时运动员应立即准备开始第三局的比赛。在宣报时间时，裁判员可以根据场上的情况，如果有运动员不在场地边，就应该重复宣报以示提醒，反之则不必重复宣报。

（11）警告

当运动员违犯规则第 16 条，裁判员在执行此规则时，应举起右手，召唤该运动员走到裁判员前，裁判员报"警告×××（该运动员的姓名）行为不端"，再犯时报"违例×××（运动员姓名）行为不端"。

（12）一局比赛结束

在一局比赛最后一个球成死球后，裁判员应报"第一局（或第二局或第三局）比赛结束××胜，××比××（比分）"。如："第一局比赛郑小锋胜，21 比 15"。

（13）一场比赛结束

在一场比赛结束时，裁判员应报胜方姓名（团体赛时报队名）和所有局数的比分（两局或三局）。如："比赛结果郑小锋胜，9 比 21、21 比 14、22 比 20"。

8. 比赛时的记分方法

在羽毛球比赛中，羽毛球比赛计分方法是羽毛球裁判法中规定的裁判员必须熟悉的工作。比赛开始前，裁判员需自己在记分表上做记录，一张完整的记分表应该反映出该场比赛所属竞赛的名称、比赛双方运动员姓名、队名、组别、位置号、比赛项目、阶段、轮次、日期、时间、地点、比赛场地号、比赛开始时间、比赛结束时间、裁判员姓名、发球裁判员姓名、每局比赛开始时的发球员和接发球员，随着比赛进程，通过记录，随时可了解当时的比分、发球方位、顺序和发球员、接发球员。

当然在记分表的最后一行是胜方的队名或姓名、整场比赛的比分以及裁判员和裁判长的签名。从记分表上还可进行有用的数据统计，例如，该场比赛总共打了多少个回合、有几次打成平分、在什么时候有多少次发球未得分等等。裁判员从记录台领取记分表后，先应逐一检查各项内容，并填写能事先填写的项目。挑边后，在发球方的记分空格的第一格画 0，双打项目还需在开局时发球方的发球员姓名后的小格内写 S（意即 SERVER 发球员），在开局时接发球方的接发球员姓名后的小格内写 R（意即 RECEIVER 接发球员）。还应将发球方在开局时所站的场区以裁判员座位为准标明左或右。

9. 司线裁判员的工作方法

（1）界内：球落在他所负责的线的界内，只伸出右手指向他所负责的线，不宣报。

（2）界外：无论球落在他所负责的线的界外多远，都应立即做出两臂向两边平伸的手势，在这同时高声报"界外"。

（3）视线被挡：司线裁判员的视线被运动员挡住，没能看到球的落点，此时应举起双手遮着双眼，以向裁判员表示自己的视线被挡，不能作出判决。

PART 8 战术技术

基本技术

羽毛球运动对技术的要求是快字当头，基本技术全面、熟练、特长突出，进攻点多，封网积极，杀劈凶狠，防守刁稳，以攻为主，能攻善守，达到全面结合，正确运用。

快：意识上强调判断、反应快。步法上要求起动、移动、制动、回动快。手法上要求出手动作快，击球点高而前。战术上力争突击进攻快，防守反攻快，战术变化快。

狠：进攻点多、凶狠凌厉，落点刁钻，抓住有利时机突击，连续进攻或一拍解决战斗。

准：落点准，战机抓得准，在快速多变中准确掌握技术并运用自如，有多拍控制能力。

活：握拍活，站位活，步法活，战术变化机动灵活。

"快"是第一位的，"狠、准、活"都应建立在快速的基础上，它们是并列的，在理解上不应该有前后轻重的区分。在具体的贯彻过程中，则应根据羽毛球运动发展的不同时期的条件和运动员个人发展阶段与打法不同的特点，在全面发展的基础上有所侧重。

握拍法

对于许多刚接触羽毛球运动的人来说，羽毛球拍握法正确与否，对于掌握和提高羽毛球技术水平，有着重要的影响。羽毛球技术中的握拍和指法是多种多样的，但是基本的握拍法有两种，即正手握拍法和反手握拍法（握拍不要太紧，这样手腕才能充分发力，并且控制击球力量的大小和方向）。

正手握拍法

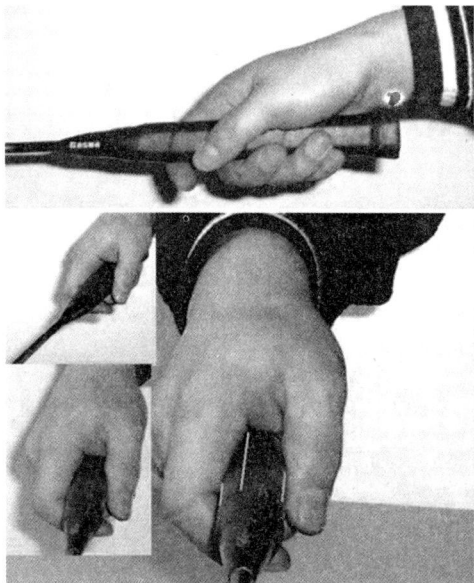

虎口对着拍柄窄面的小棱边，拇指和食指贴在拍柄的两个宽面上，食指和中指稍分开，中指、无名指和小指并拢握住拍柄，掌心不要紧贴，拍柄端与近腕部的小鱼际肌平，拍面基本与地面垂直。正手发球、右场区各种击球及左场区头顶击球等，一般都采用这种握法。

正手搓球的握拍

握拍的灵活性根据对方来球的不同角度和为了控制准确的落点，握拍的方法也随时会有些细微的改变。例如正手网前搓球的握拍：在正手握拍的基础上，拇指、食指、中指和无名指稍松开，使拍柄离开掌心，拇指斜贴在拍柄内侧的上小棱边上，食指稍前伸，使第二指带斜贴在拍柄外侧的宽面上。

具体动作：侧身对右边网前，正手握拍。球拍随着前臂伸向右前上方斜举。当球拍举至最高点时，前臂向外旋转，手腕由后伸至稍内收闪动，握拍手的食指和拇指夹住拍，中指、无名指和小指轻握拍柄，使球拍在手腕和手指的挥摆用力下，搓击来球的右下底部，使球旋转翻滚过网。

正手接杀球勾对角网前球的握拍

在正手握拍的基础上，拍柄稍向外转，拇指斜贴在拍柄内侧的宽面上，食指第二指关节和其他三指的指根贴在拍柄外侧的宽面上，拍柄不贴掌心。

正手握拍法常见的错误

1. 拇指紧贴在拍柄的内侧宽面上。

2. 握拍太靠上，不利于高球、杀球等技术动作发力。

3. 拳式握拍：各手指相互紧靠，掌心没有留出空间。

4. "苍鹰式"握拍：虎口对着拍柄的上侧窄面而不是对着拍柄内侧的小棱边，这种握拍使屈腕发生困难，不利于对拍面角度的自由控制。

反手握拍法

在正手握拍的基础上，拇指和食指将拍柄稍向外转，拇指顶点在拍柄内侧的宽面上或内侧棱上，中指、无名指和小指并拢握住拍柄，柄端靠近小指根部，使掌心留有空隙。球拍斜侧向身体左侧，拍面稍后仰。一般说来，击身体左侧的来球，大都先转体（背对网），然后用反手握拍法击球。

反手握拍法

反手网前搓球的握拍

在正手握拍的基础上，拇指、食指、中指和无名指稍松开，拍柄离开掌心同时使球拍稍向内转，拇指贴在拍柄内侧的上小棱边上，食指第三关节贴在拍柄外侧的下小棱边上。

反手接杀球勾对角网前球的握拍

在正手握拍的基础上，拇指、食指、中指和无名指稍松开，拍柄离

开掌心，同时将拍柄向内转动，拇指第二指关节的内侧贴在拍柄内侧的上小棱边上，食指第二指关节贴在拍柄的下中宽面上，其余三指自然抓在下中宽面和拍柄内侧的宽面上。

反手握拍法常见错误

1. 拇指用力顶住拍柄内侧宽面上。

2. 拇指贴在拍柄内侧斜棱上。

3. 整个拇指都紧贴拍柄，食指紧张僵硬。

对于握拍来说并不是我们一定要怎么握的，无论哪种握法，最终目的也就是使自己的手腕能更加灵活转动，手指能最大限度的发挥力量。握法不能限制或影响手腕的活动，不能影响手指发力，否则就是错误的，要尽快改正，一旦定型就不好改了。

发球

发球是打羽毛球的第一个动作。球发出去，才有后面的你来我往；球发好了，才能控制对手掌握比赛主动权。要打好羽毛球，就得从发好球开始。不过对于很多羽毛球爱好者来说，发好球可不是一个简单的事，界外、不过网都是经常的事。即使对于一些打球多年的高手来说，怎样把发球和自己的战术结合起来，达到克敌制胜的效果，也是不小的难题。

受规则的限制，羽毛球发球主要有以下四种方式：高远球、网前球、平快球、平高球、在这四种发球里，使用最多的主要是高远球和网前球。

正手发球

身体左肩侧对球网，左脚在前，右脚在后，重心在右脚上，右手持拍向右后侧举起，肘部放松微屈，左手拇指、食指和中指夹住球，举在胸腹间。发球时，身体重心由右脚移至左脚。

用正手发球，不论是发何种弧线的球，其发球前的姿势都应该一致，这样就会给对方的接发球造成判断上的困难。

发高远球

所谓高远球是把球发的又高又远，使球向对方后场上方飞去，球的飞行路线与地面形成角度要大于45°角，使球在对方场区底线附近垂直下落。

单打比赛时，常采用这种发球迫使对方退到最远的底线去接发球。如果发出的高远球质量好，就可在一定程度上限制对方一些进攻技术的发挥，使对方在接高远球时不容易马上组织进攻。在对方体力不支时，发高远球也可以使对方消耗更多的体力。

动作要领

发球时，左手把球举在身体的右前方并自然放下，使球下落，右手同时持拍由大臂带动小臂，从右后方沿着身体向前并向左上方挥动。当球落到右手臂向前下方伸直能触到球的一刹那，握紧球拍，并利用手腕的力量向前上方发力击球。击球之后，球拍顺势向左上方挥动缓冲。

发高远球时易出现的错误

动作僵硬；放球与挥拍配合不当；击球点靠近身体或离得太远；握拍太紧，以致力量发挥不出；发球后，球拍未顺势向左上方挥动缓冲，而是挥向了右上方等等。

发网前球

发网前球是在双打中主要采用的发球技术。单打比赛时，如发高球，怕遭到对方球速较快的直接攻击时；或为了主动改变发球方式借以调动对方时采用。

动作要领

准备姿势同发高远球。击球时，握拍要放松，大臂动作要小，主要靠小臂带动手腕向前切送，用力要轻。发网前球时应注意手腕不能有上挑动作，另外，落点要在前发球线附近，发出的球要贴网而过，这可免遭对方扑杀。

发网前球动作易出现的错误

1. 动作的节奏掌握不好，动作突然僵直，容易造成发球的稳定性差；

2. 击球时，手腕上挑或拍面不正向前切球，这种动作容易造成使球向上飞行，影响适宜的飞行弧线。

发平快球

这种球比平高球的弧线还要低、速度还要快。在对方反应较慢、站位较前、动作幅度较大的对手或是初学者时，效果往往很好。

动作要领

准备姿势亦同发高远球。站位比发平高球稍后些（防对方很快回到本方后场）充分利用前臂带动手腕爆发力向前方用力，球直接从对方的肩稍上高度越过，直攻对方后场。发平快球关键是出手的动作要小而快，但前期动作应和发高远球一致。发平快球时还应注意不要过手、过腰犯规。

发平高球

这是一种比高远球低、速度较高远球快、具有一定攻击性的球。特别是双打比赛中，平高球的发球应该发到接近对手控制范围之外的位置。

动作要领

发球前准备姿势同发高远球。发球的动作过程大致同发高远球，只是在击球的一刹那，小臂加速带动手腕向前上方挥动，拍面要向前上方倾斜，以向前用力为主。发平高球时要注意发出球的弧线以对方接球时伸拍打不着球的高度为宜，并应发到对方场区底线。

反手发球

反手发球的特点是动作小、出球快、对方不易判断。因此，在双打比赛中多采用此发球技术。站在前发球线后10—50厘米及发球区中线的附近，也可以站在前发球线及场地边线附近的地方（双打比赛中，从右场区发球时可以看到）。

面向球网，两脚前后站立（左脚或右脚在前均可），上体稍前倾，身体重心在前脚上。右手反手握拍，左手拇指、食指和中指捏住球的二三根羽毛，球托明显朝下（避免犯规），球体与拍面平行或球托对准拍面放在拍面前方。

动作要领

击球时，小臂带动手腕朝前横切推送。发网前球时，用力要轻，主要靠"切"送；发平快球时，发力要突然，击球时拍面要有"反压"动作。

反手发网前球

运用反手发球技术把球发至对方发球区内前发球线附近，击球时球拍由后向前推送击球，是球运行的弧线最高点略高于网顶，球拍触球时，拍面呈切削式击球，使球落到对方场区的前发球线附近。

动作要领

右脚在前，身体重心在前脚上；反手握拍，握拍手臂肘部举起，拍子在体前略向后倾斜；击球时只有很小的回环运动。通过腕关节向手背运动和前臂的快速旋转来完成击球动作；球略高过球网位置飞过，拍子向网球方向扬起。

反手发平快球

反手发平快球与发正手球的球路、角度、落点一样。发球时，球拍的挥动方向也与反手发网前球一样，只是在击球的一刹那，手腕有弹性的击球，拍面与地面的角度接近垂直，将球击到双打后发球线以内的区域。

合法发球与发球违例

合法发球

羽毛球竞赛规则规定，合法发球应该注意以下两点：一是在发球过程中，双脚均不能离开地面或移动，但发球时随重心前移，脚跟随之自然提起，只要脚尖不动，不算违例。二是当球与拍面接触的瞬间，球与球拍的接触点及整个球体均要低于腰部，拍框的高点不能超过手腕。

发球过手违例

在发球时球与拍面接触的瞬间，球拍的顶端没有明显向下，整个拍框没有明显低于手部，判为"过手"违例。在发球时，肘部没有提起，击球点离身体较远，有横扫的动作，比如发平球和平快球，就容易发生"过手"违例。改正方法就是，发球时，肘部提起，拍框垂下，发球瞬间不要将拍头横向抬起，而是向前挥动，就不会发生过手违例。

发球过腰违例

在发球时，球的任何部分在击球的瞬间高过发球员的腰部，称为"过腰"违例。这里对"腰"的定义以发球员最后一根肋骨下沿的水平切线为准，一般正常情况下，在发球员腰带偏上位置，而不是以腰带作为基准。

发生过腰的情况一般是球拍抬得太高。解决方法是在发球时尽量保持手部不要超过腰带太多，如果手部不高于腰带，球一般不会高过腰带。

两次动作违例

除了过手和过腰违例之外，还有一种发球违例，是在发球过程中有停顿，在骗对方选手产生预判之后再发出不同于对手判断的球。这种发球被判作"两次动作"违例。在国际比赛中，这种违例非常少见，但在业余比赛中，有时会有发生。

实际上，对于过手和过腰违例的判罚并不容易，因为发球动作稍纵即逝，裁判员多是凭刹那的感觉和出球的线路来判断的。如果出球很平很快，那发球违例的几率就大的多。而在业余比赛中，由于业余球员的发球动作更加不规范，所以对于发球违例的判罚是很宽松的。

接发球

还击对方发过来的球叫接发球。接发球和发球一样，都是羽毛球最基本的技术。在比赛中同样起着重要的作用。如果说发球发得好是走向胜利的开始，那么也可以说，接发球接得好是走向胜利的第一步。发球方利用多变的发球来打乱接发球方的阵角争取主动。接发球方则是通过多变的接发球来破坏发球方的企图。因此，接发球的质量好坏往往直接影响一个回合的主动与被动。

基本姿势

单打接发球的准备姿势

（以右手握拍为准）通常应是左脚在前，右脚在后，侧身对网，重心放在前脚上，膝关节微曲，后脚跟稍提起，收腹含胸，注视对方发球的动作；

双打接发球准备姿势

双打接发球准备姿势与单打基本相同，只是膝关节屈得多一些，以便能直接进行后蹬起跳。也有的接发球准备姿势以右脚在前，左脚在后，这种准备姿势仅少数人采用。

站位

接发球的站位是否合适对发球方的关系很大，如接发球站位有错误，会造成明显的漏洞，就有可能给发球方造成发球抢攻战术运用的好机会，因此应选择一个合适的接发球站位。

单打接发球站位

应站在离前发球线约 1.5 米处，在右区应站在靠近中线的位置，以防发球方以平射球攻击头顶区域。在左区则站在中线与边线的中间位置上。

羽毛球发球

双打接发球站位

比单打更有讲究，一般接发球站位法是站在离中线和前发球线适当的距离，在右区时要注意不要把右区的后场靠中线区暴露出来；在左区时注意保护头顶区。双打抢攻站位法应站在离发球线很近，前脚紧靠在前发球线，而且身体倾斜度较大，球拍高举，这种站法以进攻型打法的男选手居多。较为稳妥的站法是站在离前发球线有一定距离，身体类似单打站位法，这种站法是在思想混乱、无法适应对方发球情况下采用的过渡站位法，一般业余选手多采用这种站位法。

特殊站位法

即以右脚在前，站位与一般站位法类似，接发网前球时右脚一步蹬上网击球。

接发各种来球

对方发来高远球或平高球时，可用平高球、吊球或杀球还击。一般说来，接发高远球是一次进攻的机会，还击得好，就掌握了主动。但常因后场技术没掌握好，还击球的质量较差，以致遭到对方的攻击。因此，要提高后场的进攻技术。

对方发来网前球时，可用平高球、高远球、放网前球、平推球还击；如对方发球质量不好，也可用扑球还击。要洞察对方发网前球的意图，如果是要发球抢攻，而自己的防守能力又不强，那就放网前球或平推球还击，落点要远离对方的站位，控制住球，不让对方进攻。当对方连续发球抢攻时，接发球一定要冷静、沉着，若疏忽麻痹，回球质量稍差，就可能让对方抢攻得手。

对方发来平快球时，可用平推球、平高球还击，以快制快，由于接球方还击的击球点比发球方高，下压得狠些可以夺取主动。其次亦可以高远球还击，以逸代劳。不能仓促还击网前球，因为若击球质量稍差，有可能遭受对方的进攻。

至于接发球中的球路和落点变化，以及如何以己之长，攻彼之短，这就关系到战术的运用问题了。

接发球动作常见错误

准备动作不充分，球拍掉在下方，身体僵硬，重心偏高；拍头低于手腕。

击球技术

羽毛球击球技术方法，包括击高球、吊球、杀球、搓球、推球、勾球、扑球、抽球、排球等，每一种技术又可分为正手和反手击球法。依据战术球路的需要，又可击出直线球或斜线球来。

高球

高球是自后场打到对方后场端线经过高空飞行的球。高球分为正手、反手和头顶三种手法。

正手高球

首先要判断好来球的方向和落点，侧身后退，使球处在自己的右肩稍前上方的位置。左肩对网，左脚在前，右脚在后，重心在右脚上。左臂屈肘，左手自然高举，右手持拍，手臂自然弯曲，将球拍举在右肩上方，两眼注视来球。击球时，右上臂后引，随之肘关节上提明显高于肩部，将球拍后引至头部，自然伸腕（拳心朝上）。然后在后脚蹬地，转体收腹的协调用力下，以肩为轴，上臂带动前臂快速向前上方甩腕，在手臂伸直的最高点击球。击球后，持拍手臂顺惯性往前左下方挥动并收拍至体前，与此同时，左脚后撤，右脚向前迈出，身体重心由后脚移到前脚上。正手高球也可起跳击球，按上述要求做好准备动作，然后右脚起跳，随即在空中转体，并完成引拍击球动作，击球动作是在球将从空中最高点落下的瞬间完成。

正手击高远球时易犯的错误击球点选择不当，偏前或偏后，影响击球用力；击球时，不是以肩为轴挥臂，而是以肘为轴，影响大臂发力，造成用力不当；击球时不是用挥臂甩腕动作靠"爆发力"把球击出，而是将球"推"出；击球后球拍不是顺惯性朝前下方挥动并收拍至体前，而是将球拍朝下；朝右后方挥动，影响了手臂的用力；击球时全身

用力不协调等

正手击高球的技术难点在于：要以肩为轴，通过大臂带动前臂，最后"闪"动手腕击球；击球的一瞬间产生爆发力。

反手高球

当对方将球击到己方左后场区时用反手击高球。首先判断好对方来球的方向和落点，迅速将身体转向左后方，移动步伐，最后一步用右脚前交叉跨到左侧底线，背对网，身体重心在右脚上，使球处在身体右上方。击球前，迅速换成反手握拍法，持拍于右胸前，拍面朝上。击球时，以上臂带动前臂，通过手腕的闪动，自下而上地甩臂，将球击出。在最后用力时，要注意拇指的侧压力与甩腕的配合，以及两腿蹬地转体的全身协调用力。

我们用反手击高球时，往往容易出现步子不到位，击球点掌握不好。击球时，未用拇指的侧压力；击球刹时用力过早或过迟，没有用在"点"上等等错误。

头顶击高球

如果对方击来的球飞往自己的左后场区，那么击球点应选择在头顶上方的部位。这就是头顶高远球。头顶高远球的动作要领与正手高球基本相同，只是击球点偏左肩上方。准备击球时，身体偏左倾斜。击球时，上臂带动前臂使球拍绕过头顶，从左上方向前加速挥动，注意发挥手腕的爆发力击球，落地时左腿向左后方摆动幅度大些。

判断准确来球的方向和落点，然后向右后方转体侧身后退，使球处在自己头部前上方的位置，左肩对网，左脚在前，右脚在后，重心在右脚上，左臂屈肘，左手自然高举，右手握拍，手臂自然弯曲，将球拍举在右肩上方，手腕、拍面稍内旋，两眼注视来球。右上臂向上抬，球拍由右绕过头顶。击球点应选择在头顶上方的部位。击球时，右前臂向前上方由内旋带动手腕突然回收发力挥拍形成鞭打，击球托的后部使球过网。击球后，小臂内旋较明显，惯性作用小，手臂自然往前摆动。

吊球

吊球是自后场打到对方前场向下坠落的球。吊球技术分为正手、反手和头顶三种手法，按球的飞行弧线和击球动作的不同分为劈吊、拦截吊和轻吊。

劈吊击球前动作和打高球、杀球相似。击球时用力较轻，带有劈切动作，落点一般离网较远。拦截吊是把对方击来的平高球拦截回去，击球时用拍面正对来球，轻轻拦切或点击，使球以较平的弧线、较慢的速度越网垂直下坠。轻吊击球前动作和打高球相似，击球时拍面正对来球，在触球的刹那，突然减速或轻切来球，使球刚一过网即下坠。

正手吊球

击球准备和前期动作同正手高球。只是击球时拍面稍向内倾斜，手腕作快速切削下压动作，击球托的后部和侧后部。若吊斜线球时，则球拍切削球托右侧并向左下方发力；若吊直线球，则拍面正对前方向下方切削。

正手吊直线球和对角线球

吊直线球时，击球用力的方向是朝前下方，但是击球瞬间，小臂突然减速，用手腕的闪动向下轻轻切击球托的右侧后下方，使球越网后即下落；吊对角线球时，击球用力的方向是对角线斜下方。如图：

正手吊球动作常见错误：采用正拍面击球；击球时降低击球点，动作放慢，球速放慢。发力时没有手指、手腕动作。

反手吊球

击球准备和前期动作同反手高球。不同点在于击球时拍面的掌握和力量的运用。吊直线球时，用球拍反面切削球托的后中部，向对方的右半场网前发力；吊斜线球时，用球拍反面切削球托的左侧，朝对方左半场网前发力。

反手吊直线球和反手吊对角线球

反手吊直线球和反手吊对角线球的击球前的动作同反手击高球动作类似。不同的是小臂要上摆，用拇指内侧顶住拍柄，手腕向后"甩腕"轻击球托的后下部位，使球的飞行方向朝着直线和对角线方向落到对方网前。

头顶吊球

击球准备和前期动作同头顶高球。头顶吊斜线球时，中指、无名指和小指屈指外技拍柄，使拍子内旋，拍面前倾，以斜拍面击球托左侧部位；头顶吊直线球时，球拍击球托的正中部位。

头顶吊直线球和头顶吊对角线球

击球动作几乎和头顶直线高远球相似，只是击球的瞬间，小臂突然内旋并往前下方挥拍，手腕的外伸后展带动球拍轻点球托的左侧后下部，球沿直线飞行。

头顶吊球动作常见错误：吊球时，小臂无内旋动作，拍子无外旋动作；击球点太靠后，击球位置不正确。

杀球

杀球是把对方击来的球在尽量高的击球点上斜压下去。这种球力量大，弧线直，落地快，给对方的威胁很大。它是进攻的主要技术。杀球分为正手杀直线和对角线球、正手腾空突击杀直线球和反手杀直线球。

正手杀直线球（侧身起跳）

准备姿势和动作要领与正手击高球大体相同。步子到位后，屈膝下降重心，准备起跳。侧身起跳时。往右上方提肩带动上臂、前臂和球拍上举，以便向上伸展身体。起跳后，身体后仰挺胸成反弓形。接着右上臂往右后上摆起，前臂自然后摆，手腕后伸，前臂带动球拍由上往后下挥动，这时握拍要松。随后凌空转体收腹带动右上臂往右上摆起，肘部领先，前臂全速往前上挥动，带动球拍高速前挥。当击球点在肩的前上方时，前臂内旋，腕前展微收，闪腕发力杀球。这时手指要突然抓紧拍柄，把手腕的爆发力集中到击球点上。球拍和击球方向水平面的夹角小于 90 度，球拍正面击球托的后部，使球直线下行。杀球后，前臂随惯性往体前收。在回位过程中将球拍回收至胸前。

正手杀对角线球（侧身起跳）

准备姿势和动作要领与正手杀直线球相同。不同点是起跳后身体向左前方转动用力，协助手臂向对角方向击球。头顶杀直线和对角线球：动作要领和准备姿势与头顶击高球相同。不同点是挥拍击球时，要集中全力往直线方向或对角方向下压，球拍面和击球方向水平面的夹角小于 90 度。

反手杀直线球

准备姿势和动作要领与反拍击高球相同。不同点是击球前的挥拍用力要大，击球瞬间球拍与杀球方向的水平面夹角小于 90 度。

腾空突击杀直线球

侧身右脚后退一步准备起跳。起跳后，身体向右后方腾起，上身右后仰或反弓形，右臂右上抬，肩尽量后拉。击球时，前臂全速往上摆起，手腕从后伸经前臂内旋至屈收，同时握紧球拍压腕产生爆发力，高速向前下击球。突击扣杀后，右脚在右侧着地屈膝缓冲，重心在右脚前；右脚在左侧前着地，利用左脚蹬地向中心位置回动，手臂随惯性自然往体前回收。

搓球

搓球是用球拍搓击球的左或右侧下部与球托底部，使球向右侧或左侧旋转与翻滚过网。搓球有正手搓球和反手搓球。

正手搓球

侧身对右边网前，正手握拍。球拍随着前臂伸向右前上方斜举。当球拍举至最高点时，前臂向外旋转，手腕由后伸至稍内收闪动，握拍手的食指和拇指夹住拍，中指、无名指和小指轻握拍柄，使球拍在手腕和手指的挥摆用力下，搓击来球的右下底部，使球旋转翻滚过网。

正手网前搓球

击球前，小臂稍外旋，手腕由后伸至稍内收闪动；击球时在正手放网前球动作基础上，加快挥拍速度，搓切来球的右下部，使球旋转滚过网。

反手搓球

击球前，前臂稍往上举，手腕前屈，手背约与网同高，而拍面低于网顶，反拍面迎球。搓球时，主要靠前臂的前伸外旋和手腕由内收至外展的合力，搓击球的右侧后底部，使球侧旋滚动过网。

反手网前搓球

击球前，小臂前伸外旋，手腕由内收至外展状；搓击球的右侧后底部，使球侧旋滚动过网。另外还可以小臂稍伸直，手腕由外展到内收，带动球拍向前切送，击球托的后底部，使球下旋滚动过网。反手搓球易犯错误：握拍太紧，动作僵硬，不是搓球而是将球弹出；动作太大，用前臂砍、切球；搓球部位不正确，球不旋转；握拍的手心没有空出，击球时手指没有捻动动作。

搓球技术关键

应争取较高的击球点，搓球时出手要快，根据球离网的远近，运用手指灵活控制好球的角度和击球力量。击球点离网较远时，球拍后仰的程度适当小些。切击球托时，应有足够向前的力量，否则容易造成球不过网；击球点离网较近时，球拍后仰的程度要大一些。切击球托时，以切削为主，力量也较小。

推球

推球是把对方击来的网前球推击到对方的后场两底角去。球飞行的弧线较低平，速度较快。

正手推直线球

站在右网前，球拍向右侧前上举。在肘关节微屈回收时，前臂稍外旋，手腕稍向后侧，球拍也随之往右下后摆，拍面正对来球。这时，小指和无名指稍松开，使拍柄稍离开鱼际肌，拇指和食指向外捻动拍柄，拍面更为后仰。推球时，身体稍往前移，右前臂往前伸并带内旋，手腕和手指控制拍面角度，手腕由后伸至伸直并闪腕，食指向前压，小指和无名指突然握紧拍辆，拍子急速地由右经前上至左的挥动推球，使球沿边线飞向对方后场底角。在回动过程中，拍子回收。

正手推对角线球

推对角线技术的准备姿势和击球前动作与推直线相同，但是击球时击球点在右肩前，要推击球托的右侧后部，使球沿对角线方向飞去。这时，手腕控制拍面角度，闪腕时手臂不要完全伸直。

反手推直线球

在网前较高的击球点上，以反手握拍法，用推击的方法向对方底线击出弧度较平，速度较快的球。其击球动作是：用反手握拍法，前臂伸时稍外旋，手腕由外展至伸直闪腕，中指、无名指和小指突然握紧拍柄，拇指顶压球拍，往前挥拍，推击球托的左侧面

反手推对角线球

站在左网前，以反手握拍前臂往前上方伸举。在前臂稍向左胸前收引，肘关节微屈，手腕外展时，变成反手推球的握拍法，球拍松握，反拍面迎球。当 前臂前伸并带外旋，手腕由外展到伸直闪腕，中指、无名指和小指突然握紧拍柄，拇指顶压，往右前方挥拍时，推击球托的左

侧后部，使球沿对角线方向飞行。击球后，手臂回收，恢复击球前的准备姿势。

推球的技术关键和常见错误：击球点要高，控制好拍面角度；拍的预摆幅度要小，发力要短促快速；握拍太死，完全用小臂手腕发力，导致动作过大；击球点太低，推球的弧线太高或下网。球拍后摆过大。

勾球

勾球是把在本方右（左）边的网前球击到对方左（右）达网前去的技术动作。勾球分正手和反手两种。

正手勾球

用并步加蹬跨步上右网前。球拍随前臂往右前斜上举。在前臂前伸时稍有外旋，手腕微后伸，握拍手将拍柄稍向外捻动，使拇指贴在拍柄的宽面上，食指的第二指关节贴在拍柄背面的宽面上，拍柄不触掌心。球拍随着向右侧前挥动，拍面朝着对方右网前。击球时，靠前臂稍有内旋往左拉收，手腕由稍后伸至内收闪腕，挥拍拨击球托的右侧下部，使球向对方网前掠网坠落。击球后，球拍回收至右肩前。

反手勾球

站在左网前，反手握拍前平举。在身体前移的过程中，球拍随手臂下沉至离网顶 20 厘米处，握拍变成反拍勾球握拍法（见前面介绍的"握拍的灵活性"），拍面正对来球。当来球过网时，肘部突然下沉、同时前臂稍外旋，手腕由稍屈至后伸闪腕，拇指内侧和中指把拍柄往右侧一拉，其他手指突然握紧拍柄，拨击球托的左侧后部，使球沿对角线飞越过网。击球后，球拍往右侧前回收。

勾球的技术和常见错误：伸腕或曲腕动作要突然、短小、快速，使拍面对着出球方向；手臂前伸引拍动作僵直，无法控制勾球的角度和力量的轻重；过于强调手指手腕的动作，忽视了手臂的带动回收作用，很容易造成失误；引拍动作前臂和手腕没有外旋动作，易被对方识破动作意图，达不到推、搓、勾球动作的一致性和突变性。

扑球

对方发网前球或回击网前球时，在球刚越到网顶即迅速上网向斜下扑压，谓之扑球。由于扑球速度快，飞行路线短，往往令对方来不及挽救，所以是威力最大的进攻技术。

球在网前或是在前场的时候，是使用扑球的好时机。球离网较远的时候，可以瞄准对方的身体，或是反手位置，使得对方的回球不具有杀伤力，扑球有正手和反手两种方法。

扑球在网前进攻技术中是威胁较大的一种技术。扑球的关键在于"快"。首先取决于判断快，一经作出判断，即要求起动快并采用蹬跨步或跳步上网，同时出手快，抓住来球在网顶的最高点机会出手，以迅雷不及掩耳之势，一举解决战斗。

正手网前扑球

网前扑球身体腾空跃起或右脚蹬跨的同时，前臂往前上方举起，球拍正对来球方向。击球时随着手臂由屈至伸，手腕由后伸至向前闪动及手指的顶压，将球扑下。其中手腕是控制力量的关键，挥拍距离短，动作小，爆发力强，扑击的球才会具有一定威胁。如果球离网顶较近，就采用"滑动式"扑球方式，用手腕从右向左将球扑压下去，这样可以避免球拍触网犯规。扑球后，注意腿上的缓冲，控制重心，以免身体触网。

反手网前扑球

反手网前扑球，反手握拍，持于左侧前。当身体跃起或蹬跨上网时，球拍随前臂前伸而举起，手腕微屈，拇指顶压在拍柄宽面上，其他四指自然并拢，拍面正对来球。击球时，手臂由屈至伸，手腕由微屈至后伸并用力闪动，拇指顶压，加速挥拍扑击，击球后，球拍随手臂回收至体前。

扑球动作的常见错误 1. 动作太大，挥拍时间长，因而不能及时把握时机，并且易出现触网犯规现象。2. 手腕没有闪动动作，使球缺少向下的飞行趋势，容易造成底线出界。3. 顾手不顾脚。扑球动作向前惯性大，初学者往往只注意手上的动作，而忽视击球后的腿的缓冲动作，因而容易造成犯规。

抽球

抽球是把在身体左、右两侧，肩以下，腰以上的来球平扫过去。抽球时以腰为轴，从转髋发力开始，发挥手臂的摆速和手腕的爆发力。平抽球在双打比赛中比单打比赛中运用更多。特别是双打中的前场队员，可以以平抽球的形式回击对方前场队员击来的与地面平行的平抽球，有正手抽球和反手抽球两种。

正手抽球

面对球网，站在右场区中部，两脚手行开立稍宽于肩，重心在两脚间，微屈膝收腹，正手握拍举于右肩前。击球前肘关节前摆，前臂稍往后带外旋，手腕稍外展至后伸，引拍至体后。击球时前臂内旋，手腕伸直闪动，手指抓紧拍柄，球拍由右后往右前方高速平扫盖击来球。击球后手臂左摆，左脚往左前方迈一步，右脚跟一步回中心位置。

反手抽球

右脚前交叉在左侧前，重心在左脚上，右手反手握拍在左侧前。击球前肘部稍上抬，前臂内旋，手腕外展，引拍至左侧。击球时，在髋的右转带动下，前臂外旋，手腕由外展到伸直闪动，挥拍击球托的底部。击球后，球拍随身体的回动收回到右侧前。

挑球

挑球是把对方击来的吊球或网前球挑高回击到对方后场去。这是在比较被动的情况下采取的一种防守性技术。挑球有正手挑球和反手挑球两种。

正手挑球

正手握拍举在胸前。右脚向网前跨出一大步，左脚在后，侧身向网，重心在右脚上。同时右臂向后摆，自然伸腕，使球拍后引。然后以肘关节为轴，屈臂内旋，并握紧球拍，用食指及手腕的力量，将球向前

上方击出。在此基础上，若球拍向右前上方挥动，挑出的是直线高球；若球拍向左前方挥动，挑出的则是对角高球

反手挑球

反手握拍举在胸前。右脚向左前方跨出一大步，重心放在右脚上。同时右肩向网，同时引拍至左肩旁，然后以肘关节为轴，握拍经体前由下往上，用拇指第一指节压住拍柄的宽面，用力将球击出。

步法

步法是羽毛球运动的灵魂。一场羽毛球比赛，运动员活动在 35 平方米的场地上，从后场底线到网前的距离就有六米多，如果步法不到位，球拍是打不到球的。比赛中，双方还常运用调离对方中心位置，造成场区空当，打死对方的战术。由此可见步法在羽毛球技术、战术中的重要作用。

如果根据场区来划分，大致可以分为上网步法、后退步法、两侧移动步法、前后连贯步法和被动步法。

羽毛球步法中常运用垫步、交叉步、小碎步、并步、蹬转步、蹬跨步、腾跳步等（以下步法介绍均以右手握拍为例）。

步法的四个技术环节

羽毛球步法是由起动、移动、协助完成击球动作和回动四个环节构成。

起动

对来球一有反应判断，即从准备接球姿势转为向击球位置出发，称为起动。要做到起动快，必须反应敏捷、判断准确和起动的准备姿势正确。准备姿势可分为两种，一种是接发球姿势（必须按规则要求原地站立）、应该左脚在前，右脚在后，侧身对网，重心在前脚。右脚跟离地，双膝微屈，收腹含胸，放松提拍屈举在胸前；另一种是双方对打过程中的准备姿势，应该是右脚在前，左脚在后，脚前掌着地，脚跟提起，膝关节微屈，上体稍前倾，重心落在两脚之间，持拍于腹前，整个姿势要

协调放松，保持一触即发的起动姿态。起动来自判断和反应，判断正确、反应快是迅速起动的前提。在起动这一环节中，除了抓好反应速度练习外，同时要提高判断能力。

移动

主要指从起动后到击球位置的移动方法。运动员在场上的速度快慢，很大程度表现在移动上。移动的基本步法有垫步、交叉步、小碎步、并步、蹬转步、蹬跨步和腾跳步等。运用这些方法，构成了从起动位置到场区不同位置击球的组合步法——后退步法、两侧移动步法和上网步法：自中心位置到击球点的步数，一般用一步、两步或三步，这必须根据当时球离身体的远近来决定。影响移动速度的因素有步数的多少、步频的快慢和步幅的大小。为了加快步法移动的速度，可以采用专项速度训练的有效方法。

协助完成击球动作

羽毛球技术在击球时，不单是上肢挥拍击球，而且需要下肢配合共同发力来完成动作，这是步法结构中的关键部分。如果动作别扭，是不可能击出速度快、落点准的球的。因此要求动作准确、合理、协调，给人一种轻松自如的感觉。移动本身不是目的，它是为击球服务的。所谓"步法到位"，即指根据不同的击球方式，运动员需要到最适合这种击球的最有利的位置上，如果没有占据最理想的位置，击球前还需要作小步调整，使击球动作能协调发力。

回动

击球后，应尽力保持（或尽快恢复）身体平衡，并即刻向中心位置移动，以便在中心位置上做好迎击下一个来球的准备，称为回动。初学者往往缺乏"回中心"的意识，哪里打完球就停在哪里，这是必须改正的。当然，回动不是盲目地向场地中心位置跑。随着比赛经验的积累，运动员逐渐体会到并非每击一次球都必须回中心，而应根据比赛当时的实际情况，根据双方技、战术的特点，选择最利于回击对方来球的回动路线和回动位置。

步法取位

为了掌握好击球步法，我们在练习时可将场地划分为不同的区域，以便于合理地选择步法。通常可把场地分为前场网前区域（右侧为1号、左侧为2号）、中场区域（右侧为3号、左侧为4号）和后场区域（右侧为5号、左侧为6号）。中心点是场区的中心位置，一般情况下为击球前所处的位置。

羽毛球场地区域的划分

在击球时应根据不同的来球采用不同的步法，1号位的来球应该采用前场网前正手上网步法。2号位来球要采用前场网前反手上网步法。3号位来球要采用中场正手接杀步法。4号位来球要采用中场反手接杀步法。5、6号位的来球分别采用后场正手后退步法、后场头顶后退步法或后场反手后退步法。

需要不同步数的区域

视对方来球距离的远近，前场、中场和后场等各项步法可选用一步、两部或散步移动步法到位击球。中圈内，只需原地击球或移动一步击球。若击球点在中圈与外圈之间，则需要移动两步击球。若击球点在外圈之外，就要移动三步击球了。对步幅小的运动员来讲，则需要增加步数，以争取到位击球。

常用的步法

垫步

当右（左）脚向前（后）迈出一步后，紧接着以同一脚向同一方向再迈一步，为垫步。这一种步法比较轻捷、灵巧，不但能使移动的步数比较经济，而且，还能保持移动中身体重心的稳定和有利于协助击球动作的完成。垫步一般作为调整步距用。

并步

右脚向前（或向后）移动一步时，左脚即刻向右脚跟并一步，紧接着右脚再向前（向后）移动一步，称为并步。这种步法较多地运用在上网、接杀球和正手后退突击扣杀时。

交叉步

左右脚交替向前、向侧或向后移动为交叉步。这种步法的步幅较大，移动中身体重心比较稳定。经另一脚前面超越的为前交叉步，经另一脚后面超越的为后交叉步。交叉步一般在后退打后场球时用得较多。

小碎步

以小的交叉步移动的称为小碎步。由于步幅小，步频快，一般在起动或回动起始时用。

蹬转步

以一脚为轴，另一脚作向后或向前蹬转迈步。

蹬跨步

在移动的最后一步，左脚用力向后蹬的同时，右脚向来球的方向跨出一大步，称为蹬跨步。它多用于上网击球，在向后场底线两角移动抽球时也常采用。

腾跳步

起跳腾空击球的步法为腾跳步。它可分为两种，一种是上网扑球或向两侧移动突击杀球时，以领先的脚（或双脚）起跳，作扑球或突击杀球；另一种是对方击来高远球时，用右脚（或双脚）起跳到最高点时杀球。使用这种步法，要求协调性好，弹跳力强，在击球后还要善于控制自己的身体重心，以便连贯好下一拍的击球。

在掌握了以上基本步法的基础上，组成上网、后退、两侧移动和起跳腾空等综合步法。

上网步法

上网步法是完成上网搓球、推球、勾球、扑球及挑球的步法，它包括蹬跨步上网、垫步加蹬跨步上网，前交叉步加蹬跨步上网，后交叉步加蹬跨步上网、蹬跳步上网。

不论采用哪种步法上网击球，其上网前的站位及准备姿势基本都是相同的。即两脚站立约同肩宽，一般右脚在前左脚稍后，两膝稍有屈曲，两脚前脚掌着地，后脚跟稍有提起。上体稍前倾，握拍于体前，全神贯注，注视对方来球。

蹬跨步上网步法

起动后左脚后蹬，接着侧身，右脚向球的方向跨出一大步击球。可分为正手区蹬跨步上网步法和反手区蹬跨步上网步法。

两步蹬跨步上网步法

起动后，左脚先朝球的方向迈一步，紧接着左脚后蹬，侧身将右脚朝球的方向跨出一大步。可分为正手区两步蹬跨步上网步法和反手区两步蹬跨步上网步法。

垫步加蹬跨步上网步法

右脚先向来球方向迈出一步，紧接着左脚垫一小步，同时右脚抬起，利用左脚的蹬力蹬跨出一大步，到位击球。可分为正手区垫步加蹬跨步上网步法和反手区垫步加蹬跨步上网步法。

前交叉步加蹬跨步上网步法

起动后，右脚先向球的方向垫一步，左脚再迈一步，紧接着左脚后蹬，侧身将右脚向球的方向跨一大步，到位击球。可分为正手区前交叉步加蹬跨步上网步法和反手区前交叉步加蹬跨步上网步法。

后交叉步加蹬跨步上网步法

起动后，右脚先向球的方向垫一步，接着，左脚向右脚后交叉一步，左脚一着地马上用力后蹬，侧身将右脚向球的方向跨一大步，到位击球。可分为正手区后交叉步加蹬跨步上网步法和反手区后交叉步加蹬跨步上网步法。

蹬跳步上网步法

这是一种特殊的上网步法，当对方回击网前球过高时，为争取速度，上网扑球常常使用这种步法。这种步法，省略了上网步法中的移动过程。从起动开始，身体前倾，双脚向网前方向起跳。击球后，腾空的身体下降，双脚几乎同时落地（右脚稍先落地），然后两脚调整身体重心，恢复正常姿势。要注意防止因前冲力过大而触网或过中线犯规。

上网步法应注意事项

完成击球动作时的姿势，是上网步法中较复杂的一环，因为这一环要承担人体前冲的缓冲力量，同时又要顾及手部的击球质量和击球后的迅速回动。所有的上网步法均应注意做到下列要求：

（1）什么位置做最后蹬跨为好，要看球的位置而定，一般应以最后一步跨出后，侧身对网，自然伸直手臂让拍子能打到球为宜。太远打不到球，太近也会妨碍击球动作，且延长了回动距离。

（2）最后的蹬跨步都应该右脚在前，步幅较大，着地点超越膝关节，重心在右脚上，脚尖外展。右脚应以脚跟外侧沿先着地，然后过渡到脚掌，并用脚趾制动，不使身体再前冲。右臂前伸击球时，左臂自然张开。击球后，立即右脚回蹬，如果最后跨步步幅很大，左脚应该自然跟随前移一些，以便回动。

（3）放网前球、挑球一般采取低重心姿势。搓球、推球、勾球时身体较直，重心较高。扑球时往往需要向上方蹬跳。

（4）上网最后一步步幅要跨大，必须注意两点：①左脚用力向前蹬的同时，应向前送髋，以增大跨步的距离。②向前跨出的右腿，在送髋和左脚发出蹬力的同时，应向上抬右腿。右腿抬得高，向前落地的距离才会远。

（5）右脚落地是缓冲和回动的关键。要做到制动快而且自然，也必须注意两点：①右脚向前的姿势，应该是小腿前伸（不是伸直），脚腕屈，脚跟向下，脚尖向上。②以脚跟稍偏外侧部先着地，迅速向前脚掌滑去；脚尖制动，并做回蹬。

（6）完成跨步和制动后（右膝弯曲不能超过脚尖），回动时必须注意：身体重心适当放在右脚上，左腿向右腿稍微跟进以分担右脚承受的重量，协助右脚从弓箭步姿势恢复直立，再以并步或交叉步退回中心位置。

后退步法

后退步法是指从中心位置后退到底线的步法，后退步法时羽毛球步法中最常用的，又是难度较大的步法动作。因为人们的习惯，向前总比向后容易些。特别是向左后场区底线后退，对灵活性和协调性的要求更高。

后退步法一般用于后退回击高球、吊球、杀球、后场抽球，它包括正手后退步法、头顶后退步法、反手后退步法、正手后退并步加跳步、头顶侧身加跳步等。不论采用哪种步法后退击球，其后退前的站位及准备姿势均与上网步法的站位及准备姿势相同。

正手后退步法

正手后退步法，可采用并步后退步法和交叉后退步法，以及并步加跳步后退步法。

1. 侧身后退一步

起动后，以左脚前掌为轴，右脚往右后侧蹬转后退一步，并带动髋部右后转，重心移到右脚上（右脚脚尖朝右侧，左脚尖也顺势略转向右），成侧身对网姿势。此时可作原地击球或起跳击球。

2. 侧身并步后退

起动后，以左脚前掌为轴，右脚往右后侧蹬转后退一步，并带动髋部右后转，左脚即刻往右脚并一步，接着右脚再向右后撤一步（中心移到右脚上），成侧身对网姿势。此刻，可作原地击球或起跳击球。

由于起跳后身体向右方倾斜，因此右脚先落地。当左脚落地时，右脚微屈缓冲支撑身体重心。左脚协助调整重心，使身体恢复自然姿势，并立即回动。

3. 交叉步后退

起动后，以左脚前掌为轴，右脚往右后侧蹬转后退一步（步幅不宜太大），左腿即刻经右腿后交叉后退一步，紧接着右脚再往右后撤一步（重心落在右脚上），成侧身对网姿势。此刻，可以原地击球或起跳击球。

头顶后退步法

头顶后退步法，可采用并步后退步法和交叉步后退步法，以及头顶侧身步加跳步后退步法。

1. 头顶并步后退步法

起动后，以左脚前掌为轴，髋关节及上体在快速向右后方转动的同时右脚向右后蹬转后撤一步（蹬转角度应较大），左脚即刻用并步靠近右脚，紧接着右脚再向左后场退一步（重心落在右脚上），左脚跟进一小步，成为上体后仰侧面对网的姿势。此时，可以做原地或起跳头顶击球。如果向左后上方起跳，在挥拍击球的同时，必须在空中做左脚后摆，右脚前跨的两脚交换动作，左脚在身后先着地，上体前压，紧接着右脚在体前着地缓冲，向中心位置回动。

2. 头顶交叉步后退步法

起动后，以左脚前掌为轴，髋关节及上体在快速向右后方转动的同时右脚向右后蹬转后撤一步（蹬转角度应较大），左脚即刻往身后交叉后退一步，紧接着右脚再向左后场退一步（重心落在右脚上），左脚跟进一小步，成为上体后仰侧面对网的姿势。此时，可以做原地或起跳头顶击球。如果向左后上方起跳，在挥拍击球的同时，必须在空中做左脚后摆，右脚前跨的两脚交换动作，左脚在身后先着地，上体前压，紧接着右脚在体前着地缓冲，向中心位置回动。

3. 头顶侧身步加跳步后退步法

这是一种快速突击抢攻打法的后退步法。起动后，以左脚前掌为轴，髋关节及上体在快速向右后方转动的同时右脚向右后蹬转后撤一步，紧接着右脚向后方蹬地跳起，上身后仰，角度较大，并在凌空中完成击球动作。此时，左脚在空中作一个交叉动作后先落地，上体收腹使右脚着地时重心落在右脚上，便于左脚迅速回动。

此种步法应注意如下几个重要环节：首先上体和髋部侧转要快，右脚变成后退至左脚的后方横侧位，这是第一个环节。其次蹬跳方向应向左后方跳起，使上体向后仰。

左脚在空中作交叉后撤的动作要大，左脚的落地点超过身体重心之后。上体要有力地收腹，重心迅速恢复至右脚，左脚能迅速回动。

4. 注意事项

头顶后退步法的难度反映在下述两个环节上：

右脚起蹬跳起后，左侧髋部后转。如果动作放松而自然，髋部柔韧性不差的话，髋关节后拉带动左腿后摆的幅度是很大的。这是羽毛球步法中一个难度较大的动作，两腿在空中几乎像劈叉一样。这个动作之所以要幅度大，是应为左脚在身后落地时可以充分支撑和缓冲身体的后冲力，并配合右脚迅速使身体姿势恢复自然。也就是说，左脚拉得开，落地支撑住，有利于回动。

左脚落地支撑的姿势是很重要的。如果是以前脚掌落地，尽管左脚后拉的幅度很大，身体仍然不稳，甚至后倒。这种落地姿势由于对左脚跟腱压力很大，还往往是造成跟腱撕裂的原因。因此，教练员让少年儿童运动员在学习过程中避免这种姿势。正确的方法是左脚尖朝外，脚内侧及前脚掌内侧，脚跟内侧着地。

反手后退步法

1. 蹬转一步反手击球步法

起动后，以左脚前掌为轴，右脚向左后方蹬转使身体转向左后方，同时，右脚经左脚向左后场跨出一步（重心移到右脚）成背对球网姿势（在移动过程中，由正手握拍法换成反手握拍法），右脚跨步着地时发力反手击球。击球后，右脚往右后方蹬转，身体随即转成面对球网，回中心位置。

2. 垫步蹬转反手击球步法

起动后，上身向左转，同时，左脚后撤垫 步，紧接着以左脚前脚掌为轴，右脚经左脚前向左后场区跨出一步（重心）移到右脚成背对网姿势（在移动过程中，由正手握拍法换成反手握拍法），在右脚跨步着地时发力反手击球。击球后，右脚往右后方蹬转，身体随即转成面对球网，回中心位置。

3. 蹬转交叉步反手击球步法

起动后，以左脚前脚掌为轴右脚向左后方蹬转，使身体转向左后方，同时，右脚经左脚向左后场区跨一步成背对网姿势（在移动过程中，由正手握拍法换成反手握拍法），接着，左脚迈一步，右脚再迈一步（重心移到右脚上），在右脚跨步着地时发力反手击球。击球后，右脚往右后方蹬转，身体随即转成面对球网，回中心位置。这些都是从中心位置后退的步法。

在比赛中，能回中心位置稍作停顿，说明步法比较主动。但是，在比赛中，往往也会被对手控制而出现被动的局面，例如，在网前击球后就需直奔后场底角回击对方的平推球，这时可用交叉步后退，步数不限，但最后一步仍须符合上述步法要求（右脚在后，重心在右脚上）。如果从后场上网击球，步法运用也照此理。

两侧移动步法

两侧移动步法是指从中心位置向左、右两侧边线移动的步法。一般用于中场接杀球、起跳突击。从中心位置到两侧边线的距离大约是2.6米，对少年儿童来说，向一侧仅跨一步是不够的，需要用一个小垫步来接应才能到位。移动前的站位及准备姿势与上网步法的站位及准备姿势基本相同。两侧移动步法包括右侧移动步法、左侧移动步法和左右侧蹬跳步法。

1. 右侧移动步法

（1）向右侧蹬跨步。起动后，左脚掌内侧用力起蹬（同时向右转髋），右脚向右侧跨出一大步（重心落在右脚上，脚尖偏向右侧，以脚趾制动），上身略向右侧倒（侧倒的程度应根据击球点高低而定）作正手抽、挡球。击球后，以右脚前脚掌回蹬。若起跳突击，用右脚（或双脚）起跳，突击后，右脚先着地（或双脚同时着地）缓冲，回中心位置。

（2）向右并步加蹬跨步。从起动开始，身体倾向右侧，重心移到右脚，左脚向右脚靠拢垫一小步并以前脚掌蹬地，向右侧转髋，右脚向右侧跨步，脚尖朝外。

2. **左侧移动步法**

（1）向左侧蹬跨步。起动后，右脚掌内侧用力起蹬，同时向左转髋，左脚向左跨出一步（重心落在左脚上，脚尖偏向左侧，以脚趾制动），上身略向左侧倒，作抽、挡球。击球后左脚前掌回蹬，回到中心位置。若起跳头顶突击，用左脚（或双脚）起跳，突击后，左脚先着地（或双脚同时着地）缓冲，回中心位置。

（2）向左蹬转跨步。起动后，以左脚前脚掌为轴，向左转髋，同时，右脚内侧用力起蹬，经左脚前向右侧跨一大步（重心在右脚上，上身略向前倾作反手抽、挡球。击球后，以右脚回蹬随即转成面对网，回中心位置。

（3）向左垫步加蹬转跨步。起动后，左脚先向左侧垫一步。此后的动作与上述"向左蹬转跨步"一致。

3. **左右侧起跳步法**

这种步法由于起跳，加快了步法的速度和击球的高度，具有较大的威胁性，常被称为突击步法。有两种起跳方法：（1）从准备动作开始，身体向右稍倾斜，双膝向右微屈起跳；或身体向左稍微倾斜，双膝向左侧微屈起跳。（2）从准备动作开始，右脚向右跨一小步起跳；或左脚向左跨一小步起跳。

前后连贯步法

在步法移动过程中，不需要重新起动的步法叫做连贯步法。其中有后场至前场的连贯步法，还有前场至后场的连贯步法。例如，杀球上网经常使用的连贯步法是：当判断对方只能挡网前球时，应该从后场直奔网前，不必在步法移动过程中回中心而有所停顿。

1. **后场至前场连贯步法**

基本上有四条线路：正手后场直线上网；左后场直线上网；正手后场对角上网；左后场对角上网。前两种是直线连贯步法，后两种是对角线或称之为斜线连贯步法。

（1）直线连贯步法。在后场完成击球动作，身体姿势复原后，以交叉跨步冲向网前做上网动作。可以分为正手后场上正手网前连贯步法和头顶后场上反手网前连贯步法。

如果是蹬力强的运动员，从后场到网前只需三四步。还有一种连贯步法是稍向中心位置移动一点，然后上网。

（2）斜线连贯步法。在完成击球动作，身体姿势复原后，以交叉步冲向对角网前做上网动作。由于斜线比直线距离长，因此从后场到对角网前需要较多的步子。教练员可根据每个少年儿童运动员的实际情况，选择合适的步数。可以分为正手后场上反手网前连贯步法和头顶后场上正手网前连贯步法。

2. 前场至后场连贯步法

基本上也是四条线路：正手网前直线退后场；反手网前直线退后场；正手网前斜线退后场；反手网前斜线退后场。

（1）直线连贯步法。在网前完成击球动作，身体姿势恢复后，做一个并步后退步法，右髋向右后方转动，带动右脚移于左脚之后，以并步或交叉步移动至后场。可以分为正手网前退正手后场连贯步法和反手网前退后场头顶连贯步法。

（2）斜线连贯步法。正手网前斜线退后场：在网前完成击球动作、身体姿势恢复后，向后并步退一步，右髋向左后方转动，带动右脚移于左脚侧后方。由于髋部转动的幅度很大，需要左脚用一个向右侧转的小跳步，左脚尖朝着右侧边线。然后以并步或交叉步移动至后场。

反手网前斜线退后场：在网前完成击球动作，身体姿势复原后，向后并步退一步，右髋向右侧方向转动，带动右脚移于左脚后侧方，以并步或交叉步移动至底线。

被动步法

在羽毛球比赛中，有时因为判断错误或起动、移动慢，会出现来不及用主动步法还击的情景。此时，必须以较低中心的下手动作，加大步幅和移动频率来救球，这就是被动步法。被动步法不仅动作难度大，而且对下肢力量及灵活性的要求也较高。少年儿童运动员在学习了基本步法的基础上，可以逐渐学习被动步法。这里以难度较大的前场被动步法和后场被动步法为例进行介绍。

1. 前场被动步法

被动上网步法与上网步法类似，但因有主动和被动之分，因而在完成动作时的要求有所不同。除加速起动外，击球时的弓箭步要跨很大，重心较低，身体充分前倾，右臂前伸，身体右侧几乎碰到大腿，球拍几乎贴近地面。回动时，往往不能像主动上网那样以右腿支撑缓冲制动来回动，还需要借助身体和髋部的后拉，提高身体的重心，协助左右腿的回收完成还原动作。

2. 后场被动步法

分正手后场被动步法和反手后场被动步法。由于它们之间动作的差异较大，这里分别介绍。

（1）正手后场被动步法。起动和移动与正手退后场步法大致相同，只是移动的重心和姿势较低，常以交叉步移动。由于正手底线被动时，球往往低于肩部，在移动到位时不可能使用腾跳步，只能使用向右后方的跨步以降低身体重心，配合手部完成击球动作。回动时，身体重心移向右脚，左脚向右脚稍稍回收，协助右脚回动，使身体姿势复原。

（2）反手后场被动步法。从起动开始，左脚向左后方迈出一小步，以左脚为轴右髋向左后方转动，带动右脚前交叉移到左后方，接着左脚向左后方迈出较大的一步，并支撑身体重心。当右脚向左后方迈出时，左脚用力一蹬使右脚以较大的步幅在左后方落地，右脚落地的同时挥臂击球。回动时，身体重心先移向右脚，左脚向右脚稍微跟进帮助右脚回收，这时右髋转向正手网前方向，带动右脚移向体前，恢复到起动的准备姿势。

步法常见错误及纠正方法

1. 移动判断错误

球的落点在后场却往前场移动；球的落点在网前却往后场移动。来球在左（右）方却向右（左）方移动。这是比赛中最被动的步法错误。

纠正方法：这主要由于判断错误造成的，应多进行教学比赛，提高对假动作及出球路线的辨别判断能力。

2. 反应慢，移动慢

纠正方法：（1）应保持良好的准备姿势，每击完一次球后，就要回中心位置做好准备姿势，尤其要强调提踵、屈膝和全身自然协调。（2）通过多球练习（或按手势指令）作反应起动练习。（3）通过跳绳，跳石级，跳沙地，负重提踵等练习增强脚弓、踝关节和下肢的力量。（4）将各种步法练习正确，反复练。

3. 步法与击球动作不协调

纠正方法：最关键的是要做到最后一步正确。上网时，最后一步右脚在前，重心在右脚上，步幅宜大。后退时，最后一步右脚在后，重心在右脚上。向右侧移动时，右脚在前，重心在右脚上。向左侧移动时，可视情况左脚在前或右脚在前，中心应在前面一只脚上。

4. 未养成打完球立即回中心位置的习惯

纠正方法：（1）依手势的指令，在羽毛球场上反复做起动，到位挥拍"击球"，回动的练习。以上练习也可用多球进行。（2）进行耐力与速度的训练，以加强移动能力。

羽毛球运动的特点与作用

羽毛球运动的特点

1. 娱乐性

羽毛球运动有很强的娱乐性，既可自娱又可娱人。

（1）自娱性。人的本性是自由、富于幻想的。自由、创造性的生活使人精神充实，有所寄托。一旦生活中失去了自由创造的条件，人们就要寻求新的寄托，羽毛球运动无疑是人们寻求某种满足的较好选择。人物寄情于此，在娱乐和竞争中克服各种心理和生理的障碍，使人自由、创造的本性回归。通过不同的羽毛球技术练习，用美妙的身体语言尽情地挥洒自己，表现自我，既在运动中锻炼了身体，又陶冶了情操。

（2）娱人性。羽毛球运动有很高的可观赏性。如猛虎下山般的上网技术，蛟龙出水一样的跳起击球，身如满弓般的扣杀，犀牛望月似的抢扑救球，进攻时似高屋建瓴、势如破竹，防守时有如绵绵细雨、固若金汤。一切都在展示着羽毛球运动的力与美，使观赏者像吟读一首动人的诗，如浏览一幅悦目的画，令人心旷神怡，流连忘返。

2. 简便性

（1）户外、室内皆宜。羽毛球活动的设备比较简单，只需两个球拍一个球，一条绳索即可。在风不大的情况下，可以在户外进行活动，只要把球网架起来，就可以在一定长度和宽度的空地上画上几条线，双方对练。例如：在公园里利用两棵树把球网挂起，没有网可用一根绳代替，然后在两树之间的空地上进行活动；也可以在其他空地上，利用建筑物把球网挂起即可进行练习。在室内进行活动既不需要多大的场地，又可免去风雨的困扰，打起球来更是得心应手。

户外活动可以使锻炼者吸入新鲜空气，受到阳光照射，改善人体的血液循环与新陈代谢，同时感受大自然的美丽，在运动中怡心健体。室内活动可以使锻炼者保持心身清静，在祥和的氛围里展示自己、找回自我、陶冶情操。

（2）集体、个人皆宜。羽毛球活动既可采用单兵作战（两人对练），亦可集体会战（双打练习或三人对三人对练）。单人对练时，练习者可以随心所欲地打出任何弧线、任何远度、任何力量、速度和任何落点的球来；集体会战可以使练习者养成协调配合的习惯，培养集体主义精神。

（3）男女老少皆宜。羽毛球运动游戏性较强，运动量可大可小。身强力壮的年轻人可以将球打得又刁又重，拼尽全力扑救任何来球，尽情散发自己的青春气息；年老体弱的练习者可以把球轻轻地击来打去，根据自己的要求来变换击球节奏，从而达到锻炼身体、延年益寿的功效，既活动了身体，又娱乐了心情。不同年龄、不同性别的人都能在羽毛球运动中找到乐趣。

3. 锻炼性

羽毛球运动的特点是球小、速度快、变化多，并且球网较高。球小能锻炼练习者的反应、观察能力；速度快能锻炼练习者的应变能力以及起动和动作速度；变化多则能锻炼练习者的判断力和思维能力；球网较高又使练习者不能轻易将对手置于"死地"，相对击球回合较多，既提高了趣味性，又对练习者的速度、耐力，甚至速度耐力有很好的锻炼作用。通过羽毛球活动不仅可以提高技术，而且能很好地提高身体素质、增进健康。经常从事这项运动能使人的身心都得到良好的锻炼。

羽毛球运动的作用

1. 增强体质

羽毛球运动可以全面增强人的体质。前场、后场快速移动击球，中后场的大力扣杀球，被动时的扑救球，双打的换位击球等都需要练习者有较好的力量素质、速度素质、耐力素质、灵敏素质、柔韧素质以及快速的反应能力。扣杀需要力量；在双方对拉回合的过程中，为了取得主动需要有较快的速度、耐力和速度耐力；在扑救球时（多半是被动情况）又需要有很好的灵敏和柔韧；双打中又需要有协调的配合；在防守时又需有极快的反应与判断能力。因此，经常从事该项体育活动可以发展人体的灵活性，协调性，可以提高人们上下肢及躯干的活动能力，改善呼吸系统和心血管系统的功能，提高有氧供能和无氧供能的能力，调节神经系统并提高其抗乳酸的能力，而且能起到增进健康、抗病防衰、调节精神的作用。

2. 培养意志

羽毛球运动因其竞争性、对抗性、大强度等诸多因素的要求，使意志品质在该项运动中占有非常重要的地位。羽毛球比赛经常遇到这类情况，即运动员出现了"极点"：喘不上来气、身体无力、眼前发黑、感觉自己再也坚持不下去了。这种现象不是一方出现，在势均力敌的情况下往往是双方先后都会出现，甚至几乎同时出现（如一个球打了很多回合），这时就看谁能再坚持一下，胜利往往存在于再坚持一下之中。那么靠什么去坚持，就要靠顽强的意志品质和坚定的信念。

即使不是在比赛中，这项活动也需要较强的意志，否则你将不会很好地完成该项练习，使练习中应该产生的愉悦、趣味及锻炼价值荡然无存。

3. 陶冶心理

羽毛球活动包括对对方战术意图的揣摸，对各种战机的把握，对自己运用什么战术的选择等智力因素，因此经常从事该项运动可以使人思维敏捷。同时，由于比赛的紧张、竞争的激烈，使练习者的心理素质得到很好的锻炼，在竞争中，强化进取精神，使人的智、勇、技在竞争与对抗中得以升华。经此磨炼，能够做到临危不乱，泰然处之，既增长了智慧又陶冶了心理，不仅能在羽毛球活动中应付自如，而且能以良好的心态、正确的人生观去面对事业、家庭、荣辱。

战术变化

羽毛球运动的战术是指运动员在比赛中为表现出高超的竞技水平和战胜对手而采取的计谋和行动。

技术、身体素质、心理素质和战术之间是相互联系、相互依存、相互制约的关系。技术、身体素质是战术的物质基础，心理素质是战术的思想保证。比赛中技术、身体素质、心理素质总是在具体的战术配合、战术行动中体现出米，并及时充分发挥和良好运用的。但是，先进的战术可以反过来积极地促进技术、身体素质、心理素质的提高和发展。

羽毛球比赛中，双方始终贯穿着控制与反控制，制约与反制约的剧烈争夺。双方为了力争主动，一方面力图发挥自己的特点，弥补自己的弱点；另一方面努力去限制对方特长的发挥，并扩大对方的弱点。这些意图都是通过战术的合理运用，抑彼之长，避己之短而实现的。比赛双方在旗鼓相当，势均力敌的情况下，正确运用战术，减少体力消耗，对取得胜利具有重要意义。

单打战术

单打战术必须坚持"以我为主"、"以快为主"、"以攻为主"的指导思想；还必须有的放矢，才会在战术运用上取得好的效果；必须随机应变、灵活运用，才能掌握更多的主控权。在比赛过程中，简单地用两种基本技术组合战术就能致胜的战机是不多的。因此，当自己控制主动后一般也必须经过多拍的持续控制局面，才能创造致胜的最后一击。

我国羽毛球战术的指导思想是"以我为主、以快为主、以攻为主"。以我为主：不受或尽可能少受对方影响，积极施展自己的特长技术和打法，压制对方技术的发挥，掌握比赛场上的主动权。以快为主：即在手法上、步法上、意识上都要抢时间，争速度，从而能抓住有利时机控制场上的主动。同时也要善于根据战术变化的需要，把握快慢节奏的转换，使快速进攻收到更好的效果。以攻为主：进攻是得分的最好手段，任何时候都要把进攻放在首位。同时，也强调要能攻善守，在防守时仍要以各种球路变化来积极地转守为攻。

在防守中提倡"积极防守"、"守中反攻"，而不是"消极防守"。要达到此目的，先要训练在被动的情况下通过努力夺回主动权所进行的战术行动。

进攻战术

发球抢攻战术

发球抢攻是比赛的重要得分手段，发球可根据对手的站位、回击球的习惯球路、反击能力、打法特点、精神和心理状态等情况，运用不同的发球方法，以取得前几拍的主动权。通过这一战术的运用，打乱对方的整个战略部署，造成对方措手不及。特别是在关键时刻，运用发球抢攻战术能达到不同的效果；在相持时可以用它来打开僵持的局面，力争主动；领先时可以用它来乘胜追击，一鼓作气战胜对手；落后时可以用它来做最后的拼搏，力挽狂澜，反败为胜。

（1）发前场区抢攻战术

发前场区球有发 1 号区球，1、2 号之间区球，发追身球。

发前场区球的目的主要是为了限制对方马上进行攻击，另一个目的是通过准确、有意识地判断对方的回击球路，从而组织和发动快速强有力的抢攻，达到直接得分或获得第二次攻击机会。发前场区球在一般情况下要以发 1、2 号区之间的球和追身球为主，这样比较稳妥，不至于造成失误。

（2）发平高球抢攻战术

发平高球有发 3 号区，发 4 号区，发 3、4 号区之间三种平高球。

发平高球抢攻战术和发前场区抢攻战术的不同点在于发前场区抢攻可直接抓住战机进行抢攻，而发平高球抢攻则要通过守中反攻的手段才能获得抢攻的机会。

发平高球的目的：一是为了配合发前场区球抢攻；二是让对手进行盲目进攻或在我方判断的范围之中进攻，使发球方能从防守快速转入进攻；三是造成对方由于失去控制而直接失误。

（3）发平射球主要是发 3 号区平射球

平射球战术的目的：一是为了偷袭，如对方反应慢，或站位偏边线，3 号区空隙大时，偷袭 3 号区成功率可能大；二是为了逼对方进行平抽快打的打法；三是为了把对方逼至后场区而造成网前区的空隙。

一般接发球战术

当对方发出质量较好的高远球、平高球、平快球、短球时的接发球战术称为一般接发球战术。接发球的好坏对比赛能否获得主控权起着重要的作用，因此，接发球战术应贯彻积极主动思想，利用第一拍主动击球的有利地位，采用高、吊、杀、劈、点、或推、搓、勾、扑、放的一致性动作争取第一拍的主动权。

一般接发高远球、平高球、平快球、短球战术的具体路线与接发球强攻路线基本相同。

接发球抢攻战术

接发球抢攻战术是接发球战术中最易得分，最有威胁的一种战术。但是，前提是对方发球的质量欠佳。如发高球时落点不到位；发前场区球过网时过高；发平射球时速度不快，角度不佳；发平高球时节奏、落点、弧度不佳等都会给接发球抢攻造成机会。

离开了这一前提条件而盲目地进行抢攻，效果就差，成功率就低。除此以外，还要有积极的、大胆的抢攻意识。要获得抢攻战术的成功（得分）还得根据自己的技术特点和身体条件，同时结合对方的技术特点、身体条件和心理素质。例如，当对方从右场区发一平高球落点欠佳，已造成我方发动抢攻的极好时机，就要运用自己最擅长的技术，抓住对方的弱点，果断大胆地抢攻。

抢攻战术的完成大都要由两三拍抢攻球路的组合才能奏效。所以一旦发动抢攻就要加快速度，扩大控制面，抓住对方的弱点或习惯路线一攻到底，一气呵成完几个组合的抢攻战术。

单个技术的进攻战术

（1）重复平高球进攻战术

这种战术的特点是以重复平高球进攻对方同一个后场区，甚至可连续重复数拍，以求达到置对方于死地或逼对方击出一半场高球，以利我方进行最后一击。这种战术对回动上网快、控制底线球能力差，以及侧身步法差的对手很有效。

（2）拉开两边平高球进攻战术

这是使用平高球或挑球连续攻击对方两边后底线，以求获得主动权，或逼对方转为被动，以利于我方最后一击的战术。采用这种战术，要求击球方控制高球的出手速度、击球的准确性和动作的一致性等都比较好。这种战术对回动上网快，两底线攻击能力较弱的对手是很有效的。

（3）重复吊球战术

重复进行吊两边或吊一边，以求获得主动攻击权。这种战术对于我方吊球技术较好，并能掌握假动作吊球者，对待对方上网步法差，或对方找底线球不到位，而急于后退去防守我方的杀球者最为有效。

（4）慢吊（软吊）结合快吊（劈吊）战术

所谓慢吊（软吊）是指球从后场吊球至网前的速度较慢，且弧度较大，落点离网较近，采用这种技术结合平高球是为了达到拉开对方站位的目的，有时也可得分。所谓快吊（劈吊）是指球从后场吊球至网前的速度较快，出球基本成一直线，落点离网较远。这是当对方站位被拉开，而身体重心失去控制的一瞬间所采用的一种战术。

（5）重复杀球进攻战术

当遇上一位防守时经常习惯反拉后场球的对手时，就可采用重复杀球的进攻战术。采用这种战术首先要了解对手的这一情况，然后先运用轻杀或短杀，此时，我方不能急于上网，而要调整好自己的位置，以利于采用重复杀的战术。

（6）长杀结合短杀（点杀、劈杀）的进攻战术

长杀结合短杀（点杀、劈杀）战术，概括地说，就是"直线长杀，对角短杀"。它比起直线短杀结合对角长杀效果会更好。因为"直线长杀结合对角短杀"造成对方接杀时，需要移动的距离比较远，增加了防守的难度。

（7）重杀与轻杀的进攻战术

半场重杀，后场轻杀是这一战术的概括。当我方通过拉吊创造出半场球的机会时，应该采用重杀战术。反之球在后场我方还想采用杀球时，一般多用轻杀。因为半场球用重杀，哪怕是失去身体重心，也不至于造成控制不了网前的局面。但是，如果在后场采用重杀，万一失去身体重心，上网慢了就控制不住网前，而轻杀可使自己保持较好的身体重心位置，以利于下一步控制网前。

（8）重复搓球进攻战术

当碰到对方上网搓球之后习惯很快退后的对手时。我方就可采用重复搓球的战术，达到获得主动的机会及破坏对方后退进攻的意图。

（9）重复推球进攻战术

当碰到对方从后场拦网前球之后迅速回动至中心的对手时，我方就可采用重复推球的战术，特别是反手网前推直线球威胁更大。

（10）两边勾球进攻战术

当我方从网前勾对角网前球，对方回搓一直线网前并退后想进攻时，我方可以再勾一对角线球。运用这一战术来对付转体差的对手时更有效果。

组合技术的进攻战术

（1）以平高球开始组织的进攻战术

所谓"快拉快吊结合突击"的打法，实际上就是以平高球开始组织进攻的战术。单打比赛中，一个球的争夺一般有三个阶段，即控制与反控制阶段，主动一击阶段以及最后致命一击阶段。例如，我方从正手后场区以直线平高球攻击对方头顶区，对方想摆脱被动局面反打一对角平高球，企图让我方回击直线高球，恢复其主动地位。此时我方反压对方头顶区（采用重复平高球战术），逼对方回击一直线高球，而且移开了对方的中心位置，获得了主动一击的战机，并迅速地采用吊劈对角球，从而控制了整个局面。

此时，对方很被动地接回一个直线网前球，我方判断到对方只能这样回击，很快上网做了个搓球假动作后迅速地推一直线，造成对方被动回击一直线半场高球，形成我方最后一击的形势。我方大力杀中路身上球，对方只能应付挡一网前球，而且回击质量不好，我方迅速上网扑球，解决了这一回合的争夺。

其中1—2拍属控制反控制阶段，3—4拍属主动一击阶段，5—6拍属致命一击阶段。在进行控制反控制争夺主动权时要稳、准、活。一旦获得主动一击战机之时要快、准。在最后一击时要快、狠。在处理每个球时，要清醒地判断自己所处的情况，不应混淆三个阶段来处理球。如还未获得主动一击的情况下，不应采用主动一击的行动，更不应采用最后一击的行动。总之，在每一个回合的争夺战中，要清醒地处理每个阶段的球。前面说的是不能超越阶段处理，可是，如已处在主动一击时而不用主动一击的行动，或是已处在最后一击情况下而不采用最后一击的行动，都是不对的，都会造成被动或失去主动权。

采用以平高球开始组织进攻的战术，必须考虑如下几个条件：首先是自己具备有较好的平高球控制能力，并且有一定的防守对方进攻的能力；其次，对方的后场进攻能力不是太强，不是一个抢攻型队员；再者，对方的步法移动有弱点，通过高吊可以控制对方，否则难以取得比较满意的效果。

（2）以吊劈开始组织进攻的战术

"吊杀控制网前进攻战术"，就是以吊劈开始组织进攻的战术。其中有"吊上网搓创造突击进攻战术""吊上网推创造突击进攻战术""吊上网勾创造进攻的战术""吊杀进攻战术"等等，采用这种战术的条件：第一是自己要有较好的吊球或劈吊球技术；第二是对方上网能力较弱；第三是对方后场进攻威力很强，为了不让对方发挥优势而采用这种战术。

（3）以杀劈开始组织进攻的战术

以杀劈开始组织进攻的战术，是属于抢攻型队员的典型战术。采用此种战术打法须具备良好的速度耐力，较好的杀劈上网控制网前的技术和步法，是一种威胁性很大的战术。在上世纪 60 年代以方凯祥为代表，但目前已很难看到我国优秀选手中有这种打法。而在印尼选手中却有不少人具有这种打法，以阿尔比为代表，其特点是以快速杀劈上网搓或推，勾、扑控制网前球，创造出第二次的杀劈机会。采用这种打法的队员只要有机会，就采用杀劈技术。

（4）以控制网前球开始组织进攻战术

当对方常发网前球时，我方想组织进攻就必须从控制网前球开始，首先必须具有较快的上网步法，同时还需具有较好的搓、推、勾一致性较强的技术，才能有效组织这一进攻战术。

（5）以路线和区域组成进攻战术的应变

对角路线的进攻战术：无论采用什么技术，都以回击对角路线来组织战术。特别是当对方打直线球时，我方以对角路线回击之，对转体差或慢的对手是很有效的一种进攻战术。当然，采用这种战术不能太死板，一旦被对方发现规律，易产生不利于自己的局面。

三角路线的进攻战术：采用这种战术的原则就是当对方回击直线球时，我方就打对角球，反之，对方回击对角球时，我方就打直线球。这种战术的特点是可以使对方移动的距离最远，难度较大，只要能准确地判断对方回球的路线，而采用"三角路线"是一种较有效果的进攻战术。

攻后场反手区进攻战术：针对对方反手区有较大的弱点，如侧身步法差，回击头顶球之后位置易被拉开，反拍技术较差，头顶区球路死板等，对我构不成太大的威胁，采用攻后场反手区进攻战术的成功率就会较高。

攻后场正手区进攻战术：针对对方后场正手区有较大的弱点，如正手侧身步法差，回击正手区球后位置易被拉开，正手区的球路对我方构不成太大的威胁等因素，采用此战术效果较好。

攻后场两边的进攻战术：针对对方后场两边有较大的弱点。如后退步法慢，后场手法差，进攻能力和防守能力都较弱等，采用重复压对方两底线战术效果较好。

攻前场区进攻战术：针对对方前场区较弱，如上网速度慢，步法有缺陷，前场手法差，从前场击出的球路及质量对我方威胁不大，采用这一战术效果较好。

防守战术

防守战术的原则是"积极防守"、"守中反攻"，而不是"消极防守"。因此要达到"积极防守"、"守中反攻"的目的，就要在自己处于防守的被动情况下，通过调整战术来化解对方的攻势、夺回失去的主动权。这就必须具备较好的防守能力（包括手法、步法），如较好的回击后场高远球的能力，起动反应快，步法到位。有较好的反挡底线的能力、勾对角球的能力、挡及反抽的能力等，才能运用"守中反攻"和

"积极防守"的战术。

打两底线高远球的防守战术

打两底线平高球是属于进攻战术，而打两底线高远球是属于防守战术。平高球与高远球分别作为进攻与防守时使用的技术，在使用上一定不能混淆。防守时只能使用高远球，如用平高球去进行防守战术，不仅不能达到很好的防守目的，反而又增加了防守的难度。反之，不能用高远球作为进攻战术来使用。

采用勾对角网前结合挡直线网前或半场球的防守战术

在防守中采用勾对角网前球战术是很有效果的，如再结合挡直线就使防守战术更灵活多变，更有威胁性。当然，这需要能准确判断对方进攻的落点，反应到位，并具有灵活多变的手法，才能打出挡直线结合勾对角的球，达到"守中反攻"的目的。

制定战术

在羽毛球比赛中，一般根据对手的步法、手法、身高、素质和心理等因素来确定战术。

根据对手步法弱点制定战术

1. 对付起动、回动慢的对手：由于对手起动、回动慢，因此我方应采用以快拉快吊突击进攻为主的战术。要慎用或不用重复战术。

2. 对付起动、回动快的对手：由于对手起动、回动快，因此采用各种重复战术比采用拉开战术会有更好的效果。

3. 对付上网快、后退能力差的对手：这种对手一般情况下控制网前球的能力较强，而控制两底线的能力较弱，特别是上网后的后退能力就更差。因此，我方采用先引他上网再推或快拉两底线的战术比较有效。

4. 对付侧身转体能力差的对手：对付这种对手，应多采用对角球战术，特别是劈杀对角球路会有较好的效果。这种战术打法对付步法起动慢、侧身转体技术差的欧洲选手较有效。

5. 对付正手后退步法差的对手：我方采用以攻正手后场区为主的进攻战术较有效。

6. 对付头顶侧身后退较差的对手：我方采用以攻头顶后场区为主的进攻战术较有效。

7. 对付两边上网步法差的对手：我方采用以重复吊两边为主的进攻战术会较有效。

8. 对付低重心较差的对手：这种对手一般防守能力较差，我方应多采用以杀劈、吊为主的战术。总之，多打对方下手球，让对方必须降低重心去接球，以便暴露其弱点。

根据对手手法弱点来制定战术

1. 对手反拍及头顶手法差。对付这样的对手，我方应多采用以重复攻反手后场区为主的战术，逼对方以其弱点打球，这样效果较好。

2. 对手手腕闪动慢、摆臂速率慢。这种对手由于手腕发力差，摆臂慢，其击球一般要有一定的摆臂及闪腕发力的时间，否则就很难把球打到底线。因此，我方采用以发球抢攻为主战术，特别是发平快球后采用打平推身上球的战术逼对方打平快球，就可充分暴露其弱点。

3. 对手防守近身球手法较差。遇到这样的对手，当我方获得致命一击的机会时，一定要采用以杀追身球为主的战术，这样效果较好。

4. 对手网前手法不凶不稳，而且无威胁。对付这样的对手，用以攻前场区为主的战术效果较好。当对手打网前球时，尽量多用重复搓和勾球的战术，大胆与其斗网前球。当对方打后场球时，要尽量多打吊劈球，以尽快控制其网前。

5. 对手后场手法不凶，平高、杀、劈无多大威胁。对付这样的对手，要用以攻后场区为主的进攻战术，尽量多采用平高球或高远球控制其后场区。如果我方被动，则尽量少打网前球，多打后场过渡球，以利防守并转入反攻。

6. 对方手法突出，威胁性较大，但不稳。遇这种对手时，首先要付出很大的精力防守对方突出的几拍进攻球。在无把握的情况下，不能随意乱攻，因对方手法突出，乱攻必然出现漏洞，会遭对方致命打击。因此，只要能多坚持几拍，就有可能逼使对方失误。但是，如果我方也是进攻型打法且不善于防守，那么就得"先下手为强"了。

7. 对手手法不突出，但比较稳。这种对手一般防守能力较好，我方在进攻时不要太冒险，太勉强。首先，在进攻中要先稳后狠，快中求稳。如果稳不住，对方不须反攻就能由于我方的频频失误而获胜。因此，对付这种对手时要有足够的耐心，要有足够的体力及毅力，再加上合适的战术球路，才能战而胜之。

根据对手身高和身体素质优缺点制定的战术

1. 对于个子矮小、后场攻击能力差的对手：采用"重复拉开后场两边""快速高吊"为主的进攻战术，都是行之有效的战术。当然个子矮小并不等于后场攻击能力差，也有后场攻击能力强的选手，当遇到这种选手时就得多采用"下压"战术来限制对方的后场攻击力的发挥。

2. 身材高大、杀球上网好、转体与步法不灵活的选手：对方采用杀球上网时，以勾两边对角线即可阻挠上网好的优势。用"杀、劈、勾"的球路去抓住步法与转体不灵活的弱点。

3. 体力差、速度好、突击能力强的选手：首先要守住对手的强力攻击，尽量在每个球上多与他打几拍，使其在关键时刻暴露出其体力不足的弱点而战胜对手。

4. 灵活性、协调性差的选手：采用"假动作击球"的战术。一旦受假动作的影响，就不易调整自己的身体重心，造成球不到位或失误。

5. 身体重心高、防守范围小的选手：采用"吊、劈、杀"的进攻战术可抓住其弱点，再者可拉开逼迫他到最远处去击球。

6. 肩关节、腰部较硬的选手：这样的选手一般控制头顶区较弱，采用"攻头顶区"即可抓住弱点。

根据对手心理上的弱点制定战术

比赛前，首先是一场"心理战"——自己战自己，自己战外界的环境。赛前，若自己战胜不了自己和外界的压力，那么，就可以说你已经失败了一半。

1. 易被激怒的选手：要充分利用对方易被激怒的弱点，制造一些能激怒对方的球路、动作。如有意不同意换球等。

2. 易泄气的选手：争取在第一局取得胜利以挫败对方的士气，或以反败为胜追成平局，对毅力差的选手是一种压力。此时应扩大战果不给对方喘息的机会，一鼓作气打垮对方。

3. 易紧张、胆怯的选手：首先应在心理上战胜对手，发挥敢打敢拼的作风，在气势上压倒对方。哪怕技术上低于对手也要下决心拼搏到底，在拼搏中尽可能给对方造成紧张而失误过多。

4. 爱冒险的选手：一般在领先至胜利时刻快来临，或落后即将失败时，或体力不足时，爱冒险的选手常会做出一些冒险行为。例如，发难度很大的平快球，杀难度很大的球，做一些很大的假动作，搓一些刚贴网而过的球，击很平的平高球，劈很边又贴网的对角球等，以求达到不是失误我就得分。碰上这种对手，要集中注意力，战术上以稳对狠，不能跟着冒险，冒险动作做得多必然是失误，只有冷静对待才能成功。

5. 只能领先、不能落后的选手：只要被他领先，就会越打越好，发挥出超水平的技术，一旦落后，就像泄了气的皮球，怎么都打不好。遇到这样的选手在一开局就得花大力气在比分上压倒对方，最好先胜一局，使对方无法振作而泄气，从而战胜之。

6. 注意力转移能力较差的选手：这种选手由于注意力转移能力差，易受假动作的诱惑。因此，采用"假动作"为主的战术，易收到较好的效果。

7. 不能尽快调动自己以发挥高水平的对手：由于对方不能尽快调动自己进入最佳的竞技状态，所以一开局就显得活动不开，发挥不出水平。此时，我们应该做好准备活动，一上场就尽快采用"快速突击"的战术，使自己在对方处于低潮的状态下，战胜对方。

8. 易受对方情绪影响的选手：这种选手的特点就是易受对方情绪影响。例如：你无精打采地击球，他也变得无精打采；你在比赛场上随意玩球，他也会跟着要球，可是如果你很认真对待，他也很认真。如果碰上这样的对手，就充分利用他的这一弱点，装作无精打采或随意玩球，并抓紧有利时机进行致命一击而战胜之。

9. 易松懈、骄傲自大的选手：遇到这样的选手，不要对对方的骄傲气势压倒，碰到暂时落后也别泄气，反而要增强信心，因为对方领先时就容易松懈，自己应该尽力拼搏到底，就有可能在对方松懈之时而迎头赶上，给对方造成压力，从而战胜之。

根据对手在战略上的弱点制定的战术

1. 能攻不善守的选手：很明显集中力量攻其不善守的一面，对善攻的一面付出大代价守住。在战术上要抓住先攻的机会，攻其不善守的弱点，无法攻时，要防守住对方的强攻。用抢攻在前的战术有"发球抢攻"、"杀吊结合"等。

2. 能守不善攻的选手：这类选手肯定是一位"守中反攻"型的，因此，进攻时不要在没有控制好的情况下随便攻击。否则，会被对方强有力的防守造成被动。以"快拉快吊"的战术创造战机，突击进攻，要攻的准，攻得狠。

3. 球路变化不大的选手：这类选手最大的弱点是不根据场上的情况去制定战术、组织球路，而是按自己熟练的战术组织较固定的球路。如能在赛前了解这类选手，就有利于制定相应的战术与球路；若赛前不了解，必须在比赛中中尽快熟悉对方的战术与球路，在球路中应变自己的战术与球路。

4. 对于不善于分配体力的选手：这类选手一般是进攻型选手，一开局就会发起快速抢攻或硬攻，企图一鼓作气而胜。因此，如果在开局时顶住对方猛烈进攻，或多周旋几个回合，消耗其体力，从而在最关键的时候，在体力上战胜对手。

双打战术

必须坚持"以我为主"，"以快为主"，"以攻为主"的指导思想。

由于是两人在场上的默契行动，因此，互相间的战术配合至关重要，双打战术的默契配合犹如"两人三条腿走路"一样。赛前必须通过各种途径获取对手各种信息，做到"知己知彼"，方能"百战不殆"。为了使战术发挥正常，两人在技术上要互相信任和勉励。必须善于察言观色，及时发现对方的战术意图，并随机应变采用各种对付的战术，达到战胜对手的目的。必须发扬敢打敢拼的战斗作风，才能使运用的战术取得应有的效果。

基本站位

由于双打的后发球线比单打短，在双打中若发高远球，接发球方可以大力扣杀，直接争取主动，同时又较少有后顾之忧。因此站位往往压在靠近前发球线处，对发球者造成很大的心理上和技术上的威胁。所以，发球质量、路线的配合、弧线的制造、落点的变化对整个双打比赛的胜负意义极其重大。可以毫不夸张地说，比赛的双方若水平差不多则胜负取决于发球质量。

发球基本站位

发球的站位不同，对发球的飞行路线、弧线、落点和第三拍的击球都有关系。

1. 发球者紧靠前发球线和中线

这种站位始于反手发网前内角，球过网后球托向下，不易被对方扑击。由于站位靠前，也便于第三拍封网。但站位靠前不利于发平快球，一般是发网前内角位球配合发双打后发球线的外角位平高球。

2. 发球者站位离前发球线半米，靠中线

这种站位发球的选择面较广，正、反手都可发网前球、平快球、平高球，并且各种路线都可以发。缺点是球的飞行时间长，对方有较多时间判断处理，发球后如果抢网较慢也容易失去网前主动权。

3. 发球者站在离中线较远处

这种站位主要用于在右场区以正手和左场区以反手发平快球攻对方双打后发球线的内角位，配合发网前外角。值得一提的是，这种发球只能作为一种变换手段。因为这种发球只对反应慢、攻击力差的对手有一定威胁，但对方有了准备时作用就不大了，而且还会使自己陷入被动。

发球路线

发球路线和落点的选择需注意如下几点：

1. 调动对方站位，破坏对方打法

如对方甲、乙两名队员站成甲在后、乙在前的进攻队形，在发球给乙时可以后场为主结合网前，而发球给甲时却要以发网前为主结合后场，这样，从发球起就阻挠了对方调整站位。

2. 避实就虚，抓住对方弱点发球抢攻

首先要看接发球者的站位，如果他紧压网前站在网前内角位，可用发网前与后场动作的一致性发球到对方后场外角位；如对方离中线较远，则可发平快球突袭后场内角位；对接发球路线呆板、变化少的，可针对这种情况发球后抢封角度突击。

3. 发球要有变化

发球时，网前要和后场配合，网前的内角、外角，底线的内角、外角位的配合，使对方首尾难于兼顾，多点设防，疲于应付；在发球的弧线上也要有变化。这样，接球方就难以摸到发球方的规律了。

发球时间的变化

接发球方在准备接发球时，思想虽然高度集中，但因受到发球方的牵制，他要等球发出后才能判断、启动、还击。所以，发球动作的快、慢也应在规则允许的范围内有所变化，不要给接球方掌握规律。

发球时心理的影响

在双打比赛中，有时会出现发球失常。其原因，一个是发球技术不过硬；另一个原因则是受接发球者的影响。由于接球者站位逼前，扑、杀凶狠且命中率较高，加之比分正出于关键时，心情紧张，造成手软从而影响了发球质量。遇到这种情况，首先要沉住气，观察接发球者的动向，心理意图，接发球的路线和规律，提高发球质量，增强还击第三板的信心。另外，发球的路线要善变且无规律，真真假假、虚虚实实，这样就会减少不必要的顾虑，发球质量也会稳定下来。

接发球基本站位

1. 右区接发球站位

右区接发球站位是靠近中线距前发球线 10～50 厘米处。根据对方发球情况，站位可偏前或偏后。接发网前球、后场球及平快球的站位均相同。

2. 左区接发球站位

左区接发球站位是在距前发球线 10～50 厘米处，左右位置约为中线至边线的中间偏中线一边，也有相反的站位。接发网前球、后场球及平快球的站位均相同。根据对方发球情况，站位可偏前或偏后。

3. 接发球员同伴基本站位

分边压网站位：在接发球员另侧边，约为中间，距前发球线 0.5～1 米处，准备在接发球员推、扑后场积极进行双封网。

靠后站位：在接发球员身后 1～2 米的中线偏接发球员两侧边处，准备抓住进攻战机或预防接发球造成的被动。

进攻战术

发球战术

双打发球是一项战术意识很强的技术，它和单打发球抢攻战术同样重要，发球质量的好坏直接影响到主动和被动、得分和失误。

1. "以我为主"的发球战术

首先根据自己的发球优势在何区和第三拍进攻能力强弱来制定发球战术。

己方发 1 号区短球质量好，就不管对方接 1 号区球的能力怎样，以发一号区球为主组织战术。

己方发 2 号区球质量好，后面同伴处理第三拍能力较好，以发 1、5 号区间球为主组织战术。

己方发 5 号区球质量好，后面同伴处理第 3 拍能力较好，以发 5 号区球为主组织战术。

2. 根据对方站位制定发球战术

一般站位法：一般站位就是指站在离中线和前发球线适合的距离上。其主导思想是以稳为主，保护后场，前场以搓、推应对，放半场为主。这种站法以女队和外国队采用的较多。

此站位法的发球战术是以发网前球1、5号区为主，结合2号区多点配合，使对方不能集中精力于一点，不可能打出较凶狠的球。这时的主、被动权取决于第三拍的回击球质量。

抢攻站法位：站位离前发球线很近，上体前倾较多，目的是抢攻，威胁胆小的发球选手，以扑球、跳杀为主。进攻性的男队多采用此站位法。对付此站位法，首先要识破对方的目的是什么，是因己方发球质量欠佳想抢攻，还是接发球不好想冒险恐吓，要有正确的判断，可采用假动作发后场球组织进攻。

稳妥站位法：此站位法离前发球线较远，上体前倾较少，只求把球打过去，是进攻意识较差的过渡站位法。

对此站位法的发球技术，不要发高球，以发网前球为主，因对方站位消极，起动较慢，发网前球有利于第三拍的进攻。

3. 根据对方打法及其弱点制定发球战术

调动队形的发球战术：如果对方甲是后场进攻强，封网一般，其打法是要使对方形成乙在后甲在前的队形，才能发挥优势。

对此打法的发球战术是甲接发球时，多发网前球，乙接发球时，多发后场球，造成对方不能形成优势队形迎战。

避长攻短的发球战术：发球时，避开对方发球较好的场区，发向其接发球失误较多、回击球路死板、攻击力差的场区。

第三拍回击战术

第三拍在双打技术中是一项重要技术，在战术中有其相当重要的位置。第三拍的处理和发球是紧密联系的。发球目的性强，质量又好，那么，就是应如何组织第三拍技术有目的地续攻；如果发球质量不高，第三拍就是如何摆脱被动，摆脱直接被对方压死的问题。

因此，第三拍是保持主动，组织反攻及摆脱被动的关键一环。提高第三拍技术要做到：起动反应快，手法发力快，主动时跟得上，被动时补救及时，球路变化多，对方封不住，创造更多的主动权。

主动时，第三拍保持进攻的战术

发球质量高，就会出现第三拍的进攻战机，这时在前场的发球者要迅速举拍封住对方的一般习惯球路。对方若轻推半场球或放网前球，发球者就是第三拍的运用者。可跟上去扑或者封住半场至底线，同时，后场的同伴补上另一角或成为并排队形保持两边压网的进攻队形。

发球质量高，对方在推后场区的球，必然有个向上飞行的轨迹出现，后场的同伴马上采用高打、快打将球下压，压到接发球者站立的场区，前场队员封住对角球路，后场伙伴立刻跟上形成两边压网的局面，保持进攻姿态。

一般情况时，第三拍反攻的战术

所谓一般情况，就是接发来的球，对己方形成一种不主动也不被动的态势。这种情况下，第三拍处理得好，就可控制主动权，反之就被动。

若高打、快打的过网球质量高，球路出乎意料，速度压住对方，用分边压网取得半场的优势，迫使对方打出高球有利于己方进攻。

若与对方打对攻战，第三拍和第五拍是争取主动的关键，前场队员采用高压打法，后场队员只能采用平抽打法。

在被动时，第三拍如何摆脱被动的战术

对方接发球后，两边压网较凶，前半场封得较狠。遇上这样的对手，当第三拍被动时，一般要求反应快，手腕爆发力好，迅速把球反挡或拉两边底线高球，过渡一下，让对方从后场进攻，以免被对方在网前封住而攻死。

对方接发球后，两边压网不凶，平抽、平挡也不突出。遇到这样的对手时对付的方法就是反挡网前球，球要低平、快速过网，用力不要过大，以免球过网后继续上飞给对方造成扑球之机，回击球后立刻转入半蹲以攻对攻，争取从被动转为主动。

攻人战术

二打一战术

二打一战术是常用而行之有效的战术。进攻一方将球都打向防守差、防守没路线、心理差、常失误、无威力的选手。

这种战术可达到以下目的：

以优势打劣势，造成主动或得分。

有利于打乱对方防守站位。在这种情况下，另一对手站位就会偏向挨打同伴的一方，造成站位上的空档，以利于己方突击。

有利于造成对方相互埋怨

攻反手结合攻右肩战术。

可以重复一人的反身区，然后攻右肩上、下位置，要准确地将球打到对方右肩的上下位置，此点是防守的弱区。防守技术好的选手也不易挑底线球，只能打平球，造成己方同伴封住网前。

攻中路战术

不论对方把球打到什么地方，我方攻球的落点都应集中在对方两人之间的结合部，并靠近防守能力较差者一侧，或在中线上。己方的进攻，要使对方两人都感到好接而去抢接或感到是同伴接好而都不接，这就要根据对方防守习惯或站位而决定。

当甲防守强于乙，防守时甲会靠近乙而扩大自己的防区，缩小乙的防区。攻中路的落点应靠近乙的位置。

当对方把球挑到右场区靠近边线附近，此时，对方的站位必定和杀球者呈直线的边线站位，保护边线区域，同样自然会向中线移动，此时，攻中路必须杀在中线偏左一些。

攻中路战术，可以造成对方抢球或漏球；可以限制对方挑出大角度的球路；有利于我方网前的封网。

攻直线战术

即杀球路线和落点均为直线，没有固定的目标和对象，只依靠杀球的力量和落点来取得得分效果。当对方的来球靠边线时，攻球的落点在边线上；当对方的来球在中间区时，就朝中路进攻。这个战术在使用上较易记住和贯彻。杀进线球虽然难度高一些，但效果不错，便于网前同伴的封网。

攻后场战术

遇到对方后场扣杀能力差的对手，可采用平高球、推平球、接杀挑高球等，迫使对方一人在底线两角移动。一旦其还击被动时，便大力扑杀。如另一对手后退支援时，即可攻网前空当。

攻边攻中结合战术

此战术是攻边战术和攻中战术的结合，当对方来球靠近边线时，就以直线攻其边线。如果对方来球在中间就向中路进攻。这种战术的作用如下：是两种战术的结合，不易被对方立刻识破；使用时容易贯彻，便于封网者判断封网路线；杀边线球难度大，准确性要求高，但效果良好，便于同伴封直线球，对方很难打其它路线球。

守中反攻战术

防守时，对方攻直线球，我方挑对角平高球；对方攻对角球，我方挑直线平高球，以达到调动对方移动的目的。然后可采用挡或勾网前逼进对攻的战术，这在对付网前扑、推、左右转体不灵的对手，可以很快获得由守转攻的主动权。

混合战术

一人攻直线，一人攻对角线战术；攻直线结合攻中线战术；杀吊结合战术，关键点是吊球质量要好，才能发挥杀球效应；点杀结合长杀术，这是在杀球技术上的变化，点杀要求速度快，落点在前发球线稍后的场区，对方要向前移动才能防守好，进行几拍点杀后，对方挑高球质量差，立刻回杀一个长球。所谓长球，是较平的杀球，球从肩上过，落在底线附近，这样一前一后造成对方的防守失误。轻杀结合重杀战术，连续大力杀球结合一个轻杀，球速慢而轻，利用速度差造成对方防守失误。

根据选手情况制定战术

一强一弱的配对

所谓强弱，是指技术、拼搏、心理、身体素质等的差别。两人不是同级别的选手，必须坚决采用"攻人战术"。

一左一右的配对

分清一左一右的站位法，从接发球就得分清谁在前、谁在后。对方防守时要分清谁在左、谁在右，根据对方站位情况决定战术，不论对方如何站位，必须是两种情况：一种是都用正手击球；另一种是都用反手击球。因此，攻中路战术是对手的弱区。

爱埋怨的配对

对方有一人存在常埋怨同伴的坏习惯，特别是在不利或失误的情况下更严重。己方战术就要从怎样激发对方相互埋怨上找内容。互相埋怨、互相不服、互不理睬等均是利用的机会。

善打平抽快挡的配对

善于平抽快挡的选手一般采用并排对敌的站位法，己方平抽快挡也是特长并优于对手，则用"以攻对攻"的平抽快挡战术；若逊于对方则采用拉两边底线的战术。避开对方特长，以利于己方反击。

半蹲防守的配对

遇上这样的选手，千万不要长杀。杀长球有利于半蹲防守的抽挡技术的发挥。因此，采用"半杀"战术、"半杀左下方"战术是有效的。

拉两边底线防守的配对

与这种选手相遇，要做好艰苦比赛的准备，同对方防守好又是拉两边底线为主的打法，击球次数必然增多。所以，要有耐心，不可能一杀就得分，加强配合，多采用"吊杀结合"战术，不要盲目乱杀，造成体力消耗过多，也可采用"杀大对角轮攻"战术。

进攻轮转法

一般轮转法

两人没有具体要求某人在前某人在后，两人均可在前或在后，都可组织有力的进攻。进攻时成一前一后的队形，在后场者负责两边线移动杀球，在前场者负责封网，防守时，成并排一人一边的站位。

连续轮转法

连续轮转法也称之为分边连续进攻法，这种轮转一般在采用两边杀中路和大对角战术时运用。从正手杀中路和大对角后立刻直线跟进，上网控制右半区，对方挑另一边，在前半场的同伴后退杀中路和大对角后立刻跟进，上网控制左半区。这时在右半区者再后退杀球，形成两边连续进攻的形势，这种打法需要两人配合默契。

特殊轮转法

特殊轮转法是由好几种轮转法结合而形成的一种轮转法。甲后场进攻好，乙封网好，有利队形被对方控制，造成乙在后场甲在前场的被动队形。此时，乙先杀对角后迅速上网，同时，甲及时后退到后场区，并保持甲在后场区左右移动，乙就能在网前封网。这是特殊轮转法中的一种。另一种特殊轮转法是在头顶区进攻时，不论是甲或乙均保持左右移动。球被右场区正手进攻时，即采用分边进攻队形，杀球者向前移动，这样就形成了圆圈轮转状态，即甲转到右后场却不到前场去。由于来球不是太后，杀球后上网的条件不具备，在后场左右移动几次仍在寻求机会，进行点杀。这种轮转属于高级轮转法。

进攻时应注意的问题

不要一味地杀球，忘记了结合吊球、劈球；不要只知道用力杀球，忘记了点杀与轻杀；不要只会杀一条线路，忘记了杀小对角、大对角和边线球；不要盲目杀一条线路，忘记了长杀，攻右肩，上、下位置追身球；杀球后不要忘记左右与前后移动。

防守战术

接发球战术

接发球是阻止对方得分的第一个关键回合，是争取主动或被迫防守的关键一拍。因此，接发球在双打比赛中同样是关键技术。

"以我为主"的接发球战术

根据自己的接发球技术优势、特长处理接发球。在右场区接 1 号位的发球，用己方特长推或扑中路结合左右场区；接 2 号位的发球，用己方特长放直线结合推直线后场，接后场区的发球，以杀直线球为主。

在左场区接 1、2、3、4、号位的发球也有自己比较凶狠、稳妥的接发球球路。在处理接发球时，不脱离自己的特长，结合一些应变线路，因此，接发球后的第四拍就要根据自己习惯的特长考虑扑封的路线和配合。

根据发球质量好坏处理接发球战术

对方发球质量好，采用过渡性的推两底线或放两边半场或放网前球。关键是紧接着第四拍能封住对方路线才能争取主动，封不住就成为被动。

根据第三拍技术优劣处理接发球战术

对方甲在后场接第三拍时站位很后，接反手球和中路球较差，接发球攻其反手、中路、半场。

对方一左一右配对时，左手握拍者一般正手抽球都较好，要知道谁在后场，否则会打到正手位而不是反手位。

对方甲在后场接第三拍时，有固定的球路。如果接推反手球时都采用反手平抽对角的球路，接发球推一反手区球，马上举拍封住对角路线或让同伴上网封对角路线。

挑两底线平高球战术

这是一种简单的战术，不论对方从哪里进攻，都想法将球挑到进攻者后场的另一边。对方攻直线，己方挑大对角；对方攻对角，己方挑直线。达到调动对方的目的，对方移动稍慢或盲目进攻时就有力反攻。

反拉对角平高球战术

此战术特点是在被动时，一定将球先打到对方右后场区，让对方从右后场区进攻，用反拉对角到对方的左后场区。这是一种容易争取主动，特别是女子双打争取主动而有效的防守战术。

半蹲对攻或反击直线战术

被动时，要打出越过封网者的平球（比平高球低些），使对方无法杀对角而只能杀直线。杀球时不能下压太多，以便于有利于直线方位的选手采用半蹲进攻或反击直线。

挡勾网前逼进战术

当遇到后场两边进攻很强的选手时，守方采用拉两边底线球战术也无转机，采用回击网前球避开强力进攻，特别是用网前推、扑对付转体不灵活的选手可以很快取得转守为攻的主动权。

反抽跟进对攻战术

发现对方网前封网较弱，封网站位又很近网时，可采用反抽或半蹲抽挡跟进对攻之。

打漏洞战术

了解对方采取哪种进攻战术，哪种轮转法，只有了解到进攻规律性，才能有意识地把球打到相应的空隙和漏洞。

双打五种常用战术

1. 攻人

这是双打中常用的一种战术，就是以人为攻击目标。对付两名技术水平高低不一的对手时，一般都采用这种战术。对付两名队员实力相当也可采用这一战术。它几种攻势于对方一名队员，常能起到"集中优势兵力打歼灭战"的作用；在另一队员过来协助时，又会暴露出空档，可在其仓促接应、立足不稳时偷袭他。

2. 攻中路

（1）守方左右站位时把球打在俩人的中间，这种战术可以造成守方两人抢接一球或同时让球，彼此难于协调；限制对手在接杀球时挑大角度高球调动攻方；有利于攻方的封网，由于打对方中路，对方回球的角度也小，网前队员封网的难度就小了。

（2）守方前后站位时把球下压或轻推在边线半场处，这种战术多半是在接发网前球和守中反攻抢网时运用。这种球守方前场队员拦截不到，后场队员又只能以下手击球放网或挑高球，后场两角便会露出很大空档，因而有隙可乘，攻击他的空档或身体位。

3. 攻后场

这种战术常用来对付后场扣杀能力较差的对手，把对方弱者调动到后场后也可以使用。此战术多采用平高球、平推球、挑底线把对方一人紧逼在底线，使其在底线两角移动击球，在其还击出半场高球或网前高球时即可大力扣杀，取得该球的胜利或主动。如在逼底线两角时对方同伴要后退支援，则可攻击网前空档或打后退者的追身球。

4. 后攻前封

后场队员积极大力扣杀创造机会，在对方接杀放网、挑高球或企图反击抽球时，前场队员以扑、搓、勾、推控制网前，或拦截吊、点封住前半场，使整个进攻连贯而又有节奏变化，使对方防不胜防。

5. 防守

（1）调整站位。为了摆脱被动，伺机转入反攻，首先要调整好防守时的站位。如果是网前挑高球，那么击球者应该直线后退，切忌对角后退。直线后退路线短、站位快，对角后退路线长，也容易被对方打追身球。另一名队员应根据同伴移动后的情况补到空档位。双打防守时的站位调整，都是一名队员在跑动击球时，另一名队员根据同伴的移动情况填补空档。

2）防守球路

（1）攻方杀球者和封网队员在半边场前后一条直线上，接杀球应打到另半边前场或后场。

（2）攻方杀球者和封网者在前后对角位上，接杀球可还击到杀球者的网前或封网者的后场。

（3）攻方杀球者杀对角后，另一名队员想要退到后场去助攻时，接杀球时可以还击到网前中路或直线网前。

（4）把攻方杀来的直线球挑对角，杀来的对角球挑直线以调动杀球者。

关于防守的方法还有许多，但目的都是为了破坏攻方的进攻节奏和进攻的势头，在攻方进攻势头一减时即可平抽或蹲挡，若攻方站位混乱出现空档时，守方即可抓住战机转守为攻取得主动。

防守时应注意的问题

不要只会挑后场高球，忘记了"抽、挡、勾"的结合；不要只会挑一点或一个球路，忘记了挑直线、挑对角拉开对方；反抽时弧度要平，不高不平的球最易被对方封网；过渡防守时，球要从边线飞越，不要飞越中路，以免被对方封死；挑对角高球、弧度要高过封网者，球要到底线。要克服打习惯球路的不良习惯；反抽挡之后要跟进，"挡、勾"之后要避网。

羽毛球双打战术运用的原则

（1）必须坚持"以我为主""以快为主""以攻为主"的指导思想。

（2）由于是两人在场上的默契行动，因此，互相间的战术配合至关重要，双打战术的默契配合犹如"两人三条腿走路"一样。

（3）赛前必须通过各种途径获取对手各种信息，做到"知己知彼"，方能"百战不殆"。

（4）为了使战术发挥正常，两人在技术上要互相信任和勉励。

（5）必须善于察言观色，及时发现对方的战术意图，并随机应变采用各种对付的战术，达到战胜对手的目的。

（6）必须发扬敢打敢拼的战斗作风，才能使运用的战术取得应有的效果。

混合双打战术

混合双打是由男女选手配对进行比赛。在配对的2人中，往往会出现一强一弱的情况，因此，比赛中除了运用双打战术原则外，有时也针对女选手这一薄弱环节而制定相应的战术。

发球

混双发球是一项战术意识很强的技术，发球质量的好坏，是直接影响到主动和被动，得分与失误的环节，特别是由于混双是由一男一女两队员组成，在发球问题上和男双与女双有着共同点，但也存在很大差别，当女队员发球给女队员接时，就比女双容易，因后场有一男队员在接第三拍。可是，当对方是男队员接发球时，就比女双困难多了。首先，要排除恐惧心理，加上男队员上网接发能力和第四拍封网能力都比女队员强，所以就给发球的女队员增加了发球难度。反之，当男队员发球时，由于他不能像男双一样，发球后立即上网封网，而是要兼顾控制后场，因此，站位要比较靠后，发球过网的飞行时间要较长，有利于对方接发球者有时间回击来球。总之，男队员的发球，比男双要困难得多，如没有专门训练发球，一般是很难过关的。

在发球战术中，混双发球战术可以使用双打发球战术中的如下几项：如"以我为主"的发球战术，"发球时间的变化战术"，"发球路线的配合战术"，如软硬结合，长短结合，直线对角结合，都属于同一道理均可使用，不再重复。在此要着重谈发球中如何根据男女队员交替这一特定条件来考虑的站位与战术。

女队员的发球战术

1. 当碰到女队员接发球时的发球战术

这是最易过的发球关，因为后场区有一男队员在接第三拍，而女队员接发站位及威力也较差，所以要增强发好球的信心，再根据对方接发球的优点来制定发球的战术。例如接发球的女队员后场攻击能力比较差，此时我方可采用发 3、4 号区的球，迫使对方后退击球或进攻，我方两边并排压网，就易争得主动。特别是发 4 号区球，更有利于我方组织反攻，并迫使对方女队员退至后场。

如我方女队员防守能力强也可考虑发 3 号区，因 3 号区球较平，速度快。如对方女队员反应慢，摆速慢，可发 3 号区。对方回击的球大部分由我方女队员回击，条件是我方女队员防守技术和意识较好，这种发球威胁性就更大，由于球平又有速度，迫使对方采用杀球路线或回击高球，如回击高球，我方发球已达到目的，如杀球我方女队员就应回击到对角后场或对角网前，因为这是对方的弱区。

当我方从右场区发到 1、2 号区时，对方站位和我方站位均平等，就要根据发球质量如何，对方接发球质量如何，我方第三拍回击质量如何来决定。此时，我方可采用抓对方习惯球路的弱点来发球，例如对方在处理 2 号区球时，均打直线半场或扑直线，而我方在后场的同伴正好左场区控球能力和球路较好。如正好是一位左手握拍者，对方打直线正碰上左手握拍的男队员，这样，我方就在意识上占了上风，加上男队员这个区手法和球路好，对方就易被动了。因此，我方应以发 2 号为主，让对方打一习惯球路，以便我方控制。我方男队员由于手法好，所以对方的左右后场及左前场就成了弱区，易于我方反击。

当我方从左场区发球，也可采用同样战术，造成对我方有利的局面，在此不再例举了。

2. 当碰到男队员接发球时的发球战术

这时，女队员一定要排除恐惧心理，增强自己的发球信心。在这基础上采用"以我为主"的发球战术，结合假动作（时间差）发后场 4 号区球以打乱接发球者组织进攻。在一般情况下，以发自己特长的发球区域为主，发球者要能封住前场球，而中场球和扑球均由后场的男队员去处理。男队员的发球切忌没有战术意识的发习惯球，即使发特长球时，如发 1 号区，也要在发球时间上有所变化，造成接发者不易判断到，而不敢大胆起动。那么，这种发球就算是成功的发球。对男队员来说，最大的困难是发球，所以一定要抓紧平时的技术和心理的训练，只要过好这一关，就有可能获得主动或胜利。

男队员的发球战术

这一环节应该是发球方占有利条件，因为男队员的发球时间差的控制，发出球的速度，甚至是弧度都会对女队员造成一定的威胁，上面谈到的发球战术，也适用于男队员使用，差别在于女队员发球站位前一些，过网时间短，而男队员发球站位后一些，过网时间长一些，有利于对方女队员采取行动。因此，如发 1、2 号区时，一定要发出过网后球就朝下走的线路，不然，若向上飞行的话就易被对方扑死。

如从右场区发 4 号区，应该让我方的女队员站在对角区的有利位置，如从左场区发 4 号区，也应让我方女队员站在对角区的有利位置。

当碰到男队员接发球时的发球战术：在一般情况下，以发自己特长的发球区域为主，即采用"以我为主"的发球战术。最重要的是发球弧度要平，球过网之后要朝下走，才有利于我方第三拍的反击。

男、女队员发球站位和分工

1. 女队员的发球站位和分工

女队员的发球站位和分工与女双的发球站位与分工没什么大的差别，男队员一般站在后场，负责中后场两边的来球，偶尔还得弥补一下女队员漏击的前半场球。反之，如在左场区发球分工区反之即可，不再另示。

2. 男队员的发球站位和分工

当男队员在发球时一般站在后场，而女队员则站在前场区的右区，发右区时站得离中线远一些，发左区时站得离中线近一些，目的是让同伴发 2 号区时，不至于阻碍其发球的路线。当然，女队员如何站法也并非一定按此模式，也可根据男队员需要而定，以上只是一般规律的站法与分工。

接发球

混双接发球战术与双打接发球战术的共同点

混双接发球战术与双打接发球战术一样，要根据对方发球质量的好坏来处理、也要根据对方的优点来处理、以及"以我为主"的接发球战术。

混双接发球战术与双打接发球战术的不同之处

混双接发球战术在球路上不同于双打接发球战术是在于球路上不论

男、女队员接球，大都以拨对角半场、直线半场、勾对角前场以及放网为主。推、扑后场球只有在对方发球质量很差时才使用。而拨半场球及勾放前场球的目的是抓住女队员这一相对较弱的目标而制定的战术。

如果对方发3、4号区时，当女队员发球后分边防守，我方应集中攻击女队员防守区，如果男队员发球且女队员只防守一角时，应吊对方右前场，杀对方的二边线球。因对方基本上分前后站位，对边线防守难度加大。反之，如对方是从左场区发球，那么，道理一样，换一边攻击区。

接发球后男队员应保持在后场，女队员则在前场。因为，男队员接发球后还需得迅速退到后场控制底线区。这就是造成男队员接发球不能太凶的缘故。

当然，也有的男队员接发球后就到网前封网，但为数不多，只有当对方发球质量差，前三拍无法挑到我方后场的情况之下，可以到网前封网。

接发球的主导思想

混双接发球的主导思想是：快字当头、以稳为主、狠变结合、抓住女队员；快字当头，如没有"快"字，就很难在前几回合争得主动权；以稳为主，因为接发球不稳，易造成失误而直接失分；狠变结合，在对方发球质量不好之时，我方可以狠一些去处理球，当对方发球好时，要灵活、多变、不要打太多的习惯球路；抓住女队员，这是对方的弱者，我方在接发球时，必须抓住对方女队员的弱点去处理球。总之，要把球打到女队员的防区，争取主动，迫使女队员打出高球，或后场球，以利我方男队员控制局面。

第三拍回击

混双的第三拍和双打同样有着重要的地位，它在主动时，保持进攻，一般时，积极反攻，被动时，摆脱被动。在这三种情况下使用的战术，其意义和双打是同样重要的。

主动时第三拍保持进攻的战术

当我方发球质量较好时，有两种情况：一是女队员发球，那么，女队员可直接封住前半场区，因为发球好，迫使对方回球有些向上，所以只要能举拍封住前半场对我方就有利。当女队员封左边时，右边网前的防守要由男队员负责；而当女队员封右边时，左边网前的防守要由男队员负责。

可以说，女队员以封住对方的直线球为主，如能判断到对方打对角网前，也可封网，特别在对方手法不好，出球质量较差时，可由女队员直接封网，一般情况下，女队员能封对方的直线来球最理想了。二是当男队员发球，是由女队员去负责封网，但由于发球时，女队员的站位形成了右边和左边发球不同的防守区：从右场区发球时，由于女队员的站位是在左前场区，因此，当男队员发1、2号位时，女队员就专心的封好左前场区和中路网前。

此时，对方如回击右前场区的弱区，则由男队员去补救。从左场区发球时，情况就不一样了，因女队员的站位靠近中线，当发1号区时，女队员可封整个前场区。当发2号区时，女队员重点封住右边线。当然，由于发球与站位对各种配对有不同的站法，可按自己的特点去进行封网分工。

在一般情况下第三拍进行反攻的战术

在一般情况下，对方回过来的球，对我方形成一种不主动也不被动的形势。我方只要处理好，便可获得主动权，处理不好就会造成被动。因此，出手和球路问题成了关键性技术。首先判断对方接发球后的站位及分工情况如何，来考虑我方应打怎样的球路才有利于获得主动权。在获得主动时，不要打太靠后的球给男队员。

被动时如何摆脱被动的战术

当处于被动时，可分两种情况处理：例如，对方接发球后两人的站位均偏前，如男队员接发后的位置偏前或者女队员接发后，男队员也向前逼网了，此时，网前两边都很难打，因此，最好的办法是把球挑到后场两底线，过渡一下，让对方从底线进攻，我方再开始组织反攻。此时，最忌挑球高度不够，打不到底线，就易被对方拦击造成被动局面。

其规律就是当对方控制网前较紧时，就得想尽办法先把球打到底线，打守中反攻战术。再例如，对方接发后，网前区有一个漏洞区，如男队员接发后急于回动照顾后场，于是在网前出现了漏洞，此时，我方可迅速回击一漏洞球，就有可能转被动为主动。在这种情况下，前提一定是要有较好的回击质量，不然是摆脱不了被动局面的。

总之，在被动时，一定要冷静分析对方的弱区在哪处，就把球打到那个点或那个区去。当然，这里包括有对方技术上的弱点。如果我方女队员防守能力差，抵挡不住对方的攻击时，情况就更困难了。

第四拍封网战术

第四拍封网的分工战术，主要是指两人如何分工封网的问题。

基本规律

有一个基本规律，即女队员接发1、2号区球，能主动回击时，女队员就封住对方的直线球路，而男队员则看守其他的区域，如接3、4号区球，能主动回击时，女队员可回动封直线前场区，而男队员则看守其他三个方向的球。如不能主动回击则无法回动，因此，女队员只能防守在后场一个区过渡一下，此时，男队员则要看守前场两边和后场另一区。

但是，当男队员接发1、2号区球时，如能主动回击，应由女队员封住对方的直线球路。女方除要控制网前球之外，还要和男队员保持一个错位，以封住对方反抽对角平球，使男队员能调整一下，此时，女队员站位和男队员成对角，有利于封住对方抽对角的平球。这点也是混双不同于男队员双打的另一个特点。特别是进行中场抽、推球时，女队员能否封紧对角平球，事关紧要。而男队员则看守其他的中后场区球。如不能主动回击，情况就比较复杂了，此时由于男队员的站位已被引到前场，因此另半边的后底线成为漏洞，如对方回击高球至底线，女队员可后退，代替男队员进攻一二回合。当接发3、4号区球时，如能主动回击时，女队员除负责前场区外，还得负责封对方抽对角的平球，以使男队员位置更主动。如不能主动回击，就得根据我方男队员位置是否无法回动来决定，由于无规律可循，因此情况就比较复杂。

攻女队员战术和应变

这是混双战术的核心战术，当一方获得主动进攻或在寻求进攻机会的过程中，如何熟练地使用攻女队员战术是很重要的。

获主动进攻时运用攻女队员的战术

当获得主动进攻时，对方已形成男女两边防守的阵势时，我方就得抓住这有利时机运用攻女队员的战术，如攻女队员右肩战术、杀吊女队员的结合战术、杀女队员小交叉的战术、杀中路至女队员一边的战术。总之，应该集中力量运用攻女队员的战术。当然，这一般是就女队员的防守能力比男队员差的情况而言。如果在比赛过程中我方发现男队员防守能力下降，也不一定坚持打这一战术。

两边中场控球时，运用攻女队员的战术

所谓中场控球的概念，就是对方打过来的球，我方不很主动，也不被动的情况，处于控制的阶段，此时如何运用攻女队员的战术呢？首先，要明确此时是处于控制阶段，不要把球打到对方男队员手中，而应该把球打到女队员的防守区域，以便从中获得主动权。

例如，我方女队员发1号区，对方女队员接发推半场球，我方男队员处于控制阶段，此时，要分析对方女队员的位置及封网特点，如女队员封直线的意识较差，而且位置较靠近中线，此时，我方可回击一直线半场球，球的落点要使女队员跑动回击，由于她判断封网差，又站位靠中线，必然不能主动回击，就有可能回击出高球，以利我方主动进攻。假设对方女队员站位偏边线的位置准备封我方的直线半场，此时，我方可回击对角网前，造成对方被动起高球。又如对方接发放网，我方也可回击两条路线，但一定要注意我方是要实行攻女队员的战术，因此，球一定要打到女队员的防区，让她去处理球，不要太用力，防止把球打到中场让男队员去处理。然后，我方女队员封紧网前，让她打出高球，这种战术就属成功的。反之被女队员封住就被动了。

在处理这种球时要注意的是"巧打"，而不是"硬打"，特别要注意判断对方女队员的封网意图，最要紧的是有高质量的回击球路，一是球要出乎对方女队员的判断，二是要有高质量的过网弧度，弧度要平，不易被女队员扑死，只能推，这样就有利我方控制，从中找到迫使对方回击出高球的可能性。

接发球时，运用攻女队员的战术

当我方接发球时，可直接运用攻女队员的战术，总的要求就是把球回击到前场，如放网，放对角网前，轻推直线半场或轻拨对角网前，这些球都会促使对方女队员跑动回击，如攻击质量好一些，我方就可获主动进攻权，如质量差则易被动。

当我方遇到对方男队员水平较高，而女队员相对差一些时，运用这种战术是很有效的。反之，男队员水平一般，特别是后场攻击水平一般，而女队员网前封网水平很高，我方就不一定要坚持运用这种战术，例如女队员封网意识很强，而男队员在后场进攻对我方威胁不是很大，在这种情况下，应先过渡到后场区，再伺机反攻。

攻中路战术

比赛中有这样的情况，对方男队员在进行两边中场控制时，能力很强，威胁很大，他将直线结合对角球处理得很好，使我队防守的区域扩大，特别是女队员不易封住对方回击的平球。此时，改用攻中路战术，会使对方的优点无法发挥，由于对方在处理两边线球时的手腕控制能力较强，如打中路，对方这一优点无法发挥，如对方还是用以前的角度击球，就有可能会造成对角太大而出界，再则因为球在中路，对方易回击直线，我方女队员也易封网。总之，进行这一战术的作用一是让对方优点无从发挥，二是使我方男队员的防守范围缩小，特别是对于封直线区角度小得多。

杀大对角的男队员边线的战术

当我方获得主动进攻机会之时，在一般情况下，均是采用攻对方女队员的战术，此时，对方男队员会尽量站在靠近女队员的一边，特别是在和女队员成直线进攻时，一般男队员应靠女队员一边，造成男队员另一侧空挡的局面，在这种情况下，就可使用杀对角攻男队员边线的战术。为什么男队员会靠女队员一侧呢？问题就是他总感到女队员防守较弱，为了保护女队员所造成的，当然，使用此种战术条件是女队员和进攻者成直线，而这种条件也较少见，因一般被迫挑高球后，女队员均退到与进攻者成对角的一区，如遇到这种情况，就不易实行此种战术了。

杀吊结合战术

在对方男队员要防守三个区域，女队员只防守一个区域的情况之下，也可以考虑进行杀吊结合攻对方男队员网前的战术，以打乱对方的防守阵地。又如，女队员挑出不太靠后的球，她必然迅速后退，在这种情况之下，采用杀吊结合战术也是很有实用价值的。

短杀结合长杀，重杀结合轻杀的战术

这些都是在主动进攻中应该训练掌握的技巧和战术。一味的重杀一个角度，当对方适应了也就没效果了，一味使用长杀易被对方采用半蹲防守对付。所以在进攻中除了要结合高吊之外，还得注意角度的变化，即落点长短的变化，击球力量的变化，即轻杀和重杀的结合。

根据对方思想配合上的弱点而制定的战术

所谓思想配合上的弱点表现在互相埋怨、互相不服、互不理睬，各打各的球，对胜负无所谓等等，均属于思想配合上的弱点。我方要注意发现对方在这方面的弱点，从而加以利用。从这点出发所制定的战术，往往是最有效、最高明的战术，关键在于能否及时发现，并制定一套相应行之有效的战术。

进攻中几种封网分工法

如我方获得主动进攻时，由于封网分工不明确，可能造成失去主动权。因此，封网明确分工是使我方主动进攻能达到置对方于死地的目的。

右后场区进攻的封网分工

当我方男队员获得右后场区主动进攻权时，如对方女队员和我方男队员成直线，我方杀直线，我方女队员要封住前场区域的平球。但是，左前场区处是弱点和漏洞。如对方女队员退到对角区，此时我方女队员要封住左场区的平球。此时右前场区是弱点和漏洞。

从左场区进攻的封网分工

当我方男队员获得左后场区主动进攻权时，由于对方女队员和我方男队员成直线，我方杀直线，我方女队员则要封住左前场区的平球，特别要注意对方平抽对角线平球时，一定要能封住，以便减轻男队员的压力。此时对角网前是弱点和漏洞。对方女队员和我方男队员成对角线，我方杀对角，女队员则要封住右场区，此时，对角左前场区是弱点和漏洞。

在控制中的几种封网分工法

当我方男队员从右中场采用平推直线半场球时，对方男队员处理球，此时我方女队员要注意对方回击的直线半场球和对角平抽球。要封住这两条球路困难很大，但是，女队员如判断能力较好，这种困难就会小些。此时的判断可根据对方出手能力和习惯，假设对方习惯打对角，就要重点封对角，假设对方只会打直线，当然重点是防直线。但是，如判断不明，不要勉强去抢球，可让后场男队员处理。当我方男队员从左中场区采用平推直线半场球，对方男队员处理球，此时女队员要注意封对方回击的直线半场球和对角平抽球。

当我方从右中场采用勾对角网前球时，对方女队员上网将球推到左半场，中路半场及右前场，都属我方女队员应该封的球路，能否封到就要看我方判断能力及对方出手能力，如封不到不要勉强封网，可让男队员处理，但前场区就得自己处理了。

总之，应遵循这样一条规律，即女队员主要封直线球及过中路的对角球，至于对方打出高质量的对角网前球时，也应由女队员去处理，那就属于被动了。因此，在混双比赛中，女队员的水平高低，直接影响到整个混双水平，因双方均企图从女队员手中找到主动权，在控制阶段大部分是打前半场球，此时，如果女队员封网能力，即判断、反应、出手、突变能力强，可减少我方男队员失去重心的可能，或直接获得主动权，以增加对方男队员的困难。

混合双打主要打法应以女队员在前场、男队员在后场，在混双中女队员是占主要位置，女队员水平高，就容易取胜。女队员在网前一定要完全相信男队员，并且在不把球挑高的前提下，要在网前积极地封网，在心理上要对对方有威胁，并要占上风。

混合双打的防守更需要"积极防守"、"守中反攻"。如果防守不积极而陷入"消极防守"之中，那必然很容易被对方抓住女队员这一防守的薄弱环节而被攻破。因此，当处于被动防守时，一定要有很强的"积极防守"、"守中反攻"的意识，才能尽快摆脱被动局面而转入反攻。

几种守中反攻战术

混合双打处于被动时，大部分是由于对方男队员从后场进行进攻，只有在个别情况下，由女队员在后场进攻。因此，提出如何在对方男队员进攻情况下守中反攻的防守战术，很有必要。只有对对方一般封网规律及对方进攻中所存在的漏洞有充分了解时，才能进行有效的守中反攻的战术。

对方男队员从头顶区杀直线球，此时我方女队员可回击两个漏洞区，即勾或挑对角横线区。当对方男队员从头顶区杀对角我方女队员处，此时，对方封网漏洞与弱区在左前场右后场区横线处。正手区情况类似。

从以上所述可以看出，后场一个点和前场一个点都是漏洞或弱点，都是争取主动应该回击的落点，至于打到这些落点是否能达到守中反攻目的，还得根据对方移动的情况，以及我方回击的质量而定。当然网前是较易达到守中反攻的目的，但不易回击。

挑两底线平高球战术

此种战术即所谓对方杀直线，我方挑平高对角；对方杀对角，我方挑平高直线，以达到调动对方左右移动的目的。如对方移动慢就无法保持进攻，或盲目进攻也有利于我方反攻。

反抽直线勾对角战术

当对方男队员从两底线进攻站在对角线的我方女队员时，我方女队员可采用反抽直线结合勾对角战术，能最大限度地调动对方，并抓住其漏洞，但要注意反抽必须越过对方女队员的封网高度。

反抽对角挡直线战术

当对方男队员从两底线进攻站在直线的我方女队员时，我方女队员可采用反抽对角结合挡直线的战术来抓住其漏洞，但同样也要注意反抽必须要越过对方女队员的封网高度。

挡直线、勾对角两前战术

当对方男队员从两底线攻我方女队员时，我方可采用挡直线结合勾对角网前的战术，可以避开后场强有力的攻击。只要挡和勾的质量有保证，一般还是容易变被动为主动的。当然，当我方把球打到某一个点时，女队员要逼进封住其直线区，迫使对方打出高球。

被动时，挑出球的落点应与我方女队员成对角线的战术

当女队员被动时，必须挑高球或打高球时一定得把球挑或打到与自己成对角线的地方，以避开对方男队员强有力的攻击。而当男队员被动时，必须挑或打高球时，其落点应该与自己成一直线，以便避开对方男队员攻击我方女队员。

根据对方情况制定的混合双打应变战术

制定混合双打应变战术的原则

根据混双必然是一男一女、一强一弱的这一特点制定的应变战术总的原则是重点攻击弱者，但当强者（男队员）防守站位偏于女队员时，也可攻击男队员的边线落点，并很有效果。当我方处于被动时，尽量把球打到网前，让女队员来处理球，以便我们寻找守中反攻的机会。

根据对方男队员处理中场球的特点，制定的应变战术

对方男队员如何处理中场球这一特点就形成了该队的特点。例如有

的男队员对中场球的处理是以软打、勾、推中场球为主打法时，我方要特别注意半场，移动要快，控制出手点要高、要快，抓到机会以快制慢，以刚克柔。如果跟着对方打软球，那就得在速度上比对方快才能压住对方。

如有的男队员是以硬打为主的打法，球速较快、较凶。我方如果也是以硬打、硬抽打法，那么就得以硬打、硬抽对付。谁的意识好，谁的移动快，谁的出手快，谁就占了上风。但是，如果我方是打软打的，此时，我方要充分判断到对方的击球路线，要以变制快，以柔克刚，集中把球打到对方女队员手上，找到机会再出击。

根据对手是一左右握拍的配对制定的应变战术

首先，要分清是男队员左手握拍还是女队员左手握拍，接发球时如男队员是左手则要抓他的反手区，因为一般左手握拍者正手抽球比较凶；如果对方女队员是左手握拍，那么还要看她封正手区凶，还是头顶区凶；如在防守时要明确左手握拍者是在左区，还是在右区。总之，只有将这些情况明确之后，才能决定我方所采取的战术路线。

根据对手思想配合上的弱点制定的战术

这种情况在混双比赛中是经常发生的，一旦发现对方的这一弱点，就得在这个问题上去做文章，让男队员去埋怨女队员埋怨得厉害了，我方的这一战术就成功了，如何让他们之间互相埋怨，这就要多花心思去有意识地给对方制造矛盾。

混合双打比赛中应注意的几个应变问题

统计资料得出的规律性的问题：从发球路线看，主要是以发1号区为主，其次是2号区和4号区，很少发3号区球；从接发球的球路看，主要是以接发对角球（小对角）为主，特别是从1号区接发两边中场球较多，而且落点均在两边中场球，其次是后场球，放网前球极少；从行进间球路的规律看是以直线球路为主。

根据以上规律我们应该注意以下几个问题：注意处理好1号区的接发球；第三拍要注意处理好两边中场球，控制好两边中场球；在行进间女队员要特别注意封直线球，兼顾对角球。

在技术上要注意的几个问题：在手法上要注意掌握变线能力及控制能力，盲目地用力击球，往往造成控制不住球，变线能力也不行；击球点上要注意高点击球。这样，有利于平推、抽和下压球；在击球时间上不要一味快打，而缺少快慢结合，要注意利用假动作、时间差击球。女队员在封网击球的用力问题上，要注意能向下扑的球才用力扑压，如只能推的球，不要太用力，以免让对方后场的男队员较易控制，轻推半场球往往更为有效。女队员的网前站位不要太靠近网前，这样有利于增强封网能力；封网时，拍子要举得高一些，以便直接向前或向下封压，减少向后引拍的时间，提高封网的威胁性。在封网的步法上要注意封到球之后不要急于向中场回动，就是所谓封直线、封一点的步法特点。当双方男队员在进行直接控制过程中，女队员如没把握，不要随意去抢球。应注意对方万一变线抽对角，女队员要能封得住，以减少男队员的压力，以利于男队员调整到有利位置。当我方获得主动进攻时，对方女队员已退至较好的对角防守位置之时，不要勉强去攻击对方女队员，而应采用过渡进攻的办法，使自己获得更有利的进攻位置，再进行第二次进攻。

混合双打比赛中的思想配合问题

在这个问题上和双打的思想配合是一样的，这里不再重复。总之，混双也是要求运动员在思想上能互相信任；在技术上能互相补缺、补漏；在战术上能互相了解；在比赛中能互相鼓励。能做到以上几点，就可进入混双优秀选手的行列。

羽毛球运动十大技巧

握拍挥拍、挥洒自如

握拍方式：以叼拍姿势握住拍柄，食指与大拇指分别叼住与拍面平行的拍柄面，其余三指紧扣拍柄，挥正拍食指上提，大拇指微缩，反拍则大拇指上提，食指缩回。切忌握死而造成转拍不灵活。

正拍挥拍方式：长球——预备击球时，侧身呈拉弓姿势，右手持拍者右脚在后，以左手锁定球的飞行，左手持拍者反之，击球时放松手腕，手臂打直，拍面扬上。

杀球及后场切球——挥拍方式与长球大同小异，差别在于击球时拍面朝下，切球时则力道放小。

反手挥拍方式：转身背对球行进方向，右手持拍者右脚跨左，以右手轴锁定球，运用手腕控制拍面击球角度，以打出长球、切球或杀球。

凌波微步、米字步法

跑米字步要诀：一般预备位置是站在前发球线之后约半步距离，双脚横跨中央线，估算前进至网前，举拍至网前二角落约几步，大致为二至三步，视个人步伐大小而定，后退则约三至四步，若为奇数则右脚先垫步，若是偶数则左脚直接跨出。总而言之，就是预备击球时不论前进或后退，重心都是摆在右脚，且以侧身行进，以上皆以右手持拍者而言，左手反之，所谓米字步便是以此种跑法，练习跑左右二侧、四个角落及直前直后八个点形成米字。

击球要诀、力贯准点

击球点：挥拍正确的击球点在于拍子前端的拍面，那是力臂最长，施力最轻巧的击球位置，若是挥长球或杀球有正确击到该点，则会发出很响的声音，若不能正确击到该点则枉费力气，只达事倍功半之效，因此勤于练习便能掌握准确挥拍时间及击球点。

落球点：击球时必须掌握力道，等能控制球后，找人练习自己由四个角落分别打向对面球场的四个角落，因为打四个角落能让对手跑最远的距离。练习方法就是由后方二角打长球至对面后方二角，放短球至前方二角，由前方二角挑对面后方二角，放前方二角小球，共可衍生四四十六式打法。

凝神注视、眼观足动

此处是练功关键所在，在于能否成为好手的诀窍。在接对方来球时要凝神注视对手击球瞬间球头欲飞之处，莫等到球飞出才跑，这会失去先机，这可由对手挥拍力道与拍面角度来判断，切记注意球头，莫管手腕动作，以免被虚招所骗。

见招拆招、趁虚而入

打羽球好比与人过招，除了要见招拆招外，还要能看出对手破绽。在处理球时要多注意对手所处的位置，以找出防守的漏洞，而予以痛击，若对方回防中场快或对手击球节奏快，则利用眼角余光或脑海残留影像，去注意对方位置，尽量打出使对手跑最远的距离，多吊球及推平球来破坏对方脚步与节奏。

赛前分析、知己知彼

赛前分析对手是一件很重要的事。单打方面先看对手哪方面的球路比较弱，便努力使对方撅肘，一般对手打的好坏可看他的反手拍利落与否，若对手各种球路擅长则看对方哪种球路比较不稳，多引对手失误。假使对手攻守俱佳，则多观察对手球风及击球习惯，事先判断对手欲击方向掌握先机。双打方面也是如此，由对方二名对手找出攻防最弱者予以痛击。

在团队的比赛中，单打、双打及混双的安排常会根据球员的特质来区分，有些人在看比赛时会问"奇怪，这人好像比那人强，为何不是打单打而是打双打？"其实球技好当然是单打考量的因素之一，但是不见得打双打的球技就比打单打的差，所以应针对一个球队的来评估。

（1）单打。除了球技好以外，体力与速度是最重要的考量，攻击力不需要非常强，但稳定度却得相当好。

（2）双打。防守与攻击力是第一因素，二个配合的搭档必需观念好，默契佳，二者必定要有杀球与接球强的能力，反应与速度都要好才能面对瞬间移位，而且网前及后方的短球需细腻才行。

（3）混双。男生除了需具备上述双打的要件外，因为男生负责较大的防守区域，所以爆发力要强，比赛时一般球都会由女生招呼，女生接杀球及放短球的能力强才不致成为弱点，故很多国家队以情侣档居多，因有良好的默契。

四方无定、刚柔相济

单打方面：在赛前与对手练球时可先试打四角与杀球来揣测对手，发球可依对方所站预备位置发短球或长球，偶尔可杂以快速绕头平球来测对手反应，若对手反应快则不宜再发此类球，单打杀球宜杀二侧边线，以拉大对方防守区域。杀球及后场网前切球在处理时应注意自己是否有能力跑到网前，否则对手一旦挡到网前，自己徒然费力罢了。

双打方面：要诀在于使己方保持攻势，尽量打出让对手需挑球的球，这样己方才有主攻权，发短球忌过高成为对方扑球的肉靶，适当混以绕头平球可破坏对方节奏，杀球宜杀中央来破坏对手间的默契，且杀略偏反手接球这一方（因为有默契的对手中央球是由正手方向来接），球来往间若非被压迫少挑长球，接对方短球发球时，若要推平至后场只需轻推让球从中场就落下，这样对手除了挑球就只有由下往上扬的球可打，对方一旦仰角过高便可反扣杀。

防守严密、刀枪不入

强化自己的防守以达滴水不漏的地步是成为高手的必备条件。反应、判断、速度、体力与球感都不可或缺。预备防守时脚后跟虚提，重心在于臀部而非腿部。跑动最忌二脚脚掌踩死而失灵活性。平时多找人接杀球，杀球接得好可达好手境界。练习方法，叫人由不同方位杀球，自己试着挡往四个角。针对不同体型的单打模式，可采取的防守方法如下：

1. 体型不高的球员

由于脚步较小，因此必需以较快的速度，来弥补步伐上的差距，体型较小的优点在于身子重心低，对于较平或较低的球，能够以更有利的击球动作，去处理刘方来球，面对对手的两侧边线杀球，需将防守位置略偏向对方接球时的位置，也就是说当你将球击至左后方边角时，人也要略偏向左方防守。反之，右方亦然，这样在面对直线杀球时，接球速度才来得及，纵使对手是斜角杀球，但因距离较长，反应快些便能应付。

2. 身材高大的球员

身材高大的球员由于具有控制高空权，所以不论在击球或移位时，都相当地快，在单或双打皆具优势。由于身材高大者要打非常低的绕头平球，动作会比较滞碍，所以对手常会针对高大球员打平高球，来挤他的绕头挥拍，因此需具备犀利的反手拍来处理压迫性来球。

3. 杀球落点的判断与处理

体型矮小球员扣球角度小，所以从后场杀至己方的区域必定较平较后，所以预备位置在较后方，能够很从容地处理杀球。反之应付身材高大球员之杀球，需站较前方来处理由高处下压的杀球。一般单打选手常会出现一种防守通病，就是到自己处理不佳或见高不见远的球，往往会习惯性地后退，一来怕被打到，二来企图拉开距离，以争取反应时间。但事实上一往后退后，整个防守圈无一不是漏洞，对手吊短球或杀球皆会使自身难以防，尤其遇到这种状况，对方杀球角度一定接近垂直，此时若后退，根本来不及反应。在遇到这种情形时，需仍回中场预备位置，将拍子护住颜面，专注于对方直线击球的方向。因为对手若要杀球的话，必定以最短时间笔直杀下去，而很少杀斜角球。因为杀斜角球，万一处理不当而出界，岂不是把机会球给送掉！所以冷静机敏来处理自己的失误球，是防守上策！

截杀跃切、横扫千军

1. 截杀与切球

当对手接网前球及挥反手拍需跨一大步，甚至要蹲下去处理时，不要怀疑！对手只有放小球一途，此时重心要立刻往前准备截球，网前杀球手腕转动不需太大，轻扣即可以免挂网。当对手横跨大步接正手球或接反手球跨大步但身体未完全蹲下者，此时对手只有放短及扫平球二种选择，因为想打长球必定不够高不够远，所以球一旦扬高马上截杀至对方所处相反方向。总之遇到上述情形重心就开始往前准备有截杀和扣球的举动。

2. 有效的跃杀

跃杀的目的在于增加杀球力道与争取更早时间的攻击。跃杀的原理是利用跳跃在空中时，转体将腕力、臂力和腰力配合重力将杀球动作一气呵成。有人常常说直接杀球和跳杀威力差不多甚至还不如直接杀球，这是因为在跳跃中没有善用腰部侧转与下压的动作。目前在比赛中常见的跃杀有倒身跃杀和垂直跳杀，倒退跃杀由于是行进间的动作，所以水平分力会分掉本身的力道，使得垂直分力不若垂直跳杀，但倒身跃杀机动性强，着地后的反作用力比垂直跃杀小，便于快速进行下一个动作，因此最为常见。跃杀是极为耗力的动作，若没办法掌握原理，会使攻击徒具形式而丧失威力浪费体力。

3. 切杀

从后场切球，在羽球技巧中算是相当细腻的动作，由后方打往网前的坠球，一般有轻扣杀和切球二种。轻扣杀速度快易使对方措手不及，而切球本身球速较慢，一旦你放球不够刁钻漂亮，马上便成了对手扑杀的对像，所以快速切杀可以兼具速度与手腕的欺敌性，可使对手误为杀球而造成方向的判断错误。切杀大都用在打斜对角球，所以距离毕竟较直线距离长，遇到反应极佳的选手仍应辅以直来直往的轻扣杀来增加战术运用。切球对双打来说要求更加细腻，所以切球若不能打得快又刁，往往自己就成了举球员，随时有当肉靶的可能，多练习打点且注意切球过网的高度来加强自己的球感，久而久之便能练就相当贴网的切球。

稳为基本、自我保护

1. 贵在求稳而不在求强，稳自当变强

滴水不漏的防守能使强攻猛打者浪费气力，单打应以守为前提，再辅以杀著为辅，形成攻防一体。双打则彼此沟通战略、观念和默契后，以穷追猛打为原则。单打选手一般体力都很好，因此黏性强的选手（打球较软防守佳）应不急着杀而要将球打得略平来加强球速，拉快节奏。速度型的球员（移位球速俱快的大炮型选手）应付时要忽快忽慢，对方速度快就尽量使球打得越高越远，使对手快速退至后场时，需等数秒才还击，这段时间不但可使自己从容归位尚能弄乱对方原先的节奏，有时还能因时间差使对手击球错误，所以自己必需要后场球打慢前场球打快又刁，方能克敌。

双打较不重体力，因此打出质感佳的球去破坏对方移位、防守与默契是不二法门。所谓质感佳是指打去的球能使对手迷惑不知由谁处理的球，这种球视对方位置而定。遇到弱者最忌轻敌，一旦己方不利时内心隐然不服而心浮气燥。遇到旗鼓相当者一定要相信自己才是最强的，打得稳失误少，便已掌握最佳胜机。发球权在对方时，要积极抢回，减少分数差；发球权在己则与对手多磨球以找寻最适攻击良机。遇到比自己强的对手，既然有心理准备，打球更应用心企图求胜，勿躁进，多与对手缠打，从中找出对手不稳之处，最怕自己乱了阵脚，而疲于奔命之下忽略对手破绽，而失去攻击时机。果能如此，必能打一场没有遗憾的比赛。

2. 如何保护自己

打羽球除了要注意运动伤害外，还得注意突如其来的意外伤害。常见的意外伤害来自身体的攻击与跌倒及滑倒，跌倒及滑倒的问题与场地及球鞋有关。身体遭受的攻击不外来自球或球拍，尤其在打双打时，队友前球处理不好你又恰好站在前排，此时对手近距离扣下来的球力道可观，你有可能在成为肉靶下，被打到身体，更甚者击到眼睛，那这个伤害可就大了！若再碰到对手一时手滑或球杆断掉这些天灾，就算打到身体也够你瘀青疼痛一阵子，所以在打双打时，你一旦站在前排时记得要将拍子举起，拍面朝外靠紧眉旁，纵使遇到意外状况也不会伤到眼睛，说不定还能将必死球给挡回去，因此防守中做好预备动作，便能降低意外伤害的发生。

PART 9　项目术语

羽毛球场地

羽毛球场地是一个长 13.40 米，双打宽 6.10 米，单打宽 5.18 米，场地中央被球网（两边柱子高 1.55 米，中间网高 1.524 米）平均分开的长方形场地。

羽毛球场地横向被中线平分为左右两个半区；纵向被分为前场、中场、后场。前场就是从前发球线到球网之间的一片场地；后场是指从端线到双打后发球线之间的一片场地；中场是前发球线与双打后发球线之间的一片场地。

站位与击球

运动员站在羽毛球场上的位置称为站位。站位有两种情况：一种是受限制的站位。如：发球、接发球时运动员的站位，就必须按要求站在规定的区域内（左半区或右半区）；另一种是不受限制的站位，可根据自己或同伴（双打）的需要而选择的站位。如：单打的站位一般在离前发球线 1 米左右的中线附近，双打站位可根据双打两个运动员的具体战术需要而选择前后或左右的站位。

根据以上对羽毛球场地的划分，又可把不受限制的站位具体分为：左半区站位、右半区站位、前场站位、中场站位、后场站位。

击球是指运动员挥拍击球时，拍与球接触的一刹那。运动员站在左半区迎击对方来球叫做左半区击球，在右半区的击球叫做右半区击球，站在前场、中场、后场的击球，则分别叫做前场击球、中场击球、后场击球。除此之外，根据来球高度的不同，我们又可分为上手击球（高于肩的来球，击球点在肩上）和下手击球（击球点低于肩）。

持拍手与非持拍手

持拍手是指正握着球拍的手。非持拍手是指没有握拍的手。

在羽毛球运动中，我们经常听说的正手技术、反手技术、正手击球、反手击球等术语。所谓正手技术是指握拍手同侧的技术；反手技术是指握拍手异侧的技术。如：右手握拍的运动员，在击右侧球时所用的技术就称为正手技术，并由此派生出正手发球技术、正手击球技术等技术名称。

在羽毛球运动中，非持拍手的功能主要是在发球时用来持球、抛球；在击球过程中用来平衡身体，以便更有效地击球。

击球的基本线路

所谓击球线路是指球被运动员击出后在空中运行的轨迹和场地之间的关系。

羽毛球运动员击球线路之多是无法胜数的，以下只研究决定羽毛球线路规律的几条基本线路。

我们仅以运动员（右手持拍）正手击出三条球路来分析一下球的路线的名称。第一条从自己的右方打到对方的左方（线路与边线平行）可称为直线；第二条打到对方的右方（线路与边线有较大的角度）可称为对角线；第三条打到对方的中线球线路与边线有较小的角度）可称为中路。同理，反手后场（中场、前场）的三条基本击球线路，亦可这样称呼。在具体称呼时，可与正手、反手结合在一块。如：正手直线、正手中路、正手对角线、反手对角线等。若在中线击球时，可这样称呼：打到对方场区的左方为左方斜线，打到对方场区的右方为右方斜线，打到中间为中路球。在对羽毛球线路的称呼上应注意如下问题：首先要看击球点和球的落点靠近哪里，击球点靠近右边线，而落点靠近中线，都成为正手中路球。其次要根据击球时所用技术名称，如反手搓球，可成为反手搓直线、反手搓中路球等。

总之，羽毛球的基本线路可分为五条，即：左方直线、中路直线、右方直线、右方斜线（右方对角线）、左方斜线（左方对角线）。而根据击球运动员站的位置（左、中、右），每个位置又可分别击出直线、中路、斜线，因此又可派生出九条线路来。羽毛球的击球线路之多无法描述，但其基本线路就那么几条，只要我们掌握了其规律，对我们的训练、比赛都是大有益处的。

拍形角度与拍面方向

拍形角度是指球拍面与地面所成的角度。拍面方向是指球拍的拍面所朝向的位置。

拍形角度可分为七种：拍面向下、拍面稍前倾、拍面前倾、拍面垂直、拍面后仰、拍面稍后仰、拍面向上。

拍面方向可分为三种：拍面朝左、拍面朝右、拍面朝前。

拍形角度和拍面方向控制的好坏对击球质量的影响是非常大的，所以我们必须在每一次击球中认真调整好拍形、拍面，击出合乎质量要求的球来。

击球点

所谓击球点是运动员击球时球拍与球相接触那一点的时间、空间位置。

击球点包括三个方面的内容：第一包括拍和球的接触点距地面的高度；第二包括接触点距身体的前后距离；第三包括距身体的左右距离。对击球点选择得是否合适，将决定着击球质量的好坏，它将直接影响着运动员击球的力量、速度、弧线、落点，最终将导致影响运动员击球的命中率，造成失分，直至失败，因此选择合适的击球点至关重大。选择合适的击球点应做到如下两点：第一判断要准，第二步法移动要到位（步法要快）。只有做到了这两点才能保证调整在最合适的位置，击球点才有保障。

PART 10 赛事组织

汤姆斯杯赛

在 1939 年的一次国际羽联理事会上，时任国际羽联主席的乔治·汤姆斯（George Thomas）指出，组织全球羽毛球比赛的时机已经成熟。在这次会议上决定将举行世界男子羽毛球团体比赛，汤姆斯提出向这一世界性比赛捐赠一只奖杯，因此将此杯命名为"汤姆斯杯"。

汤姆斯杯高 28 厘米，包括把手的宽距为 16 厘米，由底座、杯形和盖三部分构成，在盖的最上端有一个运动员的模型。此杯的前部雕刻有这样的词句："乔治·汤姆斯巴尔特于 1939 年赠送国际羽毛球联合会组织的国际羽毛球冠军挑战杯"。据说此杯在伦敦用白金铸成，当时价值 5 万英镑。

乔治·汤姆斯，曾是英国著名的羽毛球运动员，多次获得英国羽毛球冠军。他曾连续 4 次获得全英羽毛球锦标赛男子单打冠军，9 次男子双打冠军，6 次混合双打冠军。他 21 岁开

汤姆斯杯

始获得冠军，并且年年有冠军入账，他最后一次拿冠军时已 41 岁。1934 年 7 月国际羽联成立时，他被推选为第一任主席。

首届汤姆斯杯由于第二次世界大战的原因，推迟至 1948 年才举行，当时有 10 个国家和地区参加了比赛。汤姆斯杯为流动杯，每次比赛的冠军队将"汤杯"带回本国，保留至下届"汤杯"比赛开始。因此，汤姆斯杯比赛又称为"国际羽毛球挑战杯赛"。

从 1984 年起，此赛事改为每两年举行一届。比赛分为预赛、半决赛和决赛三个阶段，从决赛前年的 11 月 1 日到决赛年的 6 月 30 日止进行。6 支在相应区域进行半决赛而出线的队伍加上直接进入决赛的东道国和上届冠军共 8 个队进入决赛阶段的比赛。如果东道国也是上届冠军的获得者的话，那么在半决赛中要出 7 个队进入决赛。8 支决赛队伍分成两个组比赛，以赢得分数多为胜利。如果分数一样，以赢得场数多排在前头，所以小组赛要比完 5 场。如果场数、局数仍然一样，就采取抽签的办法决定名次。所有参加比赛的队伍需在赛前 14 天选出 4 到 10 名运动员，按照当时的世界排名，列出第一单打、第二单打、第三单打、第一双打、第二双打及替补的运动员名单。每名运动员最多只能参加一场单打和一场双打比赛。绝对不允许世界排名靠前的选手担任后位单打或双打比赛任务。在 1996 年此项赛事参加国和地区已达 56 个。在已举行的 20 届比赛中，印度尼西亚 11 次捧杯，马来西亚 5 次得冠，中国 4 次获金。

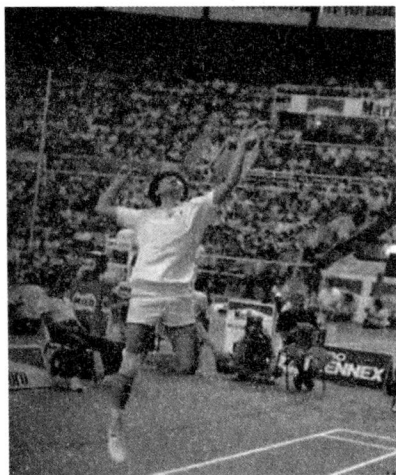

1982 年 5 月 21 日，中国男子羽毛球队
首获汤姆斯杯

汤姆斯杯比赛过去采用九场五胜制，即五场单打，四场双打，分两天进行。1984 年后比赛办法改为五场三胜制（在一个单位时间内进行），即三场单打，两场双

打。比赛排序有 6 种，其目的是保证参加两项比赛的运动员起码有 30 分钟以上的休息时间。6 种排序如下：

（1）1 单 - 2 单 - 3 单 - 1 双 - 2 双

（2）1 单 - 2 单 - 3 单 - 2 双 - 1 双

（3）1 单 - 1 双 - 2 单 - 2 双 - 3 单

（4）1 单 - 2 双 - 2 单 - 1 双 - 3 单

（5）1 单 - 2 单 - 1 双 - 3 单 - 2 双

（6）1 单 - 2 单 - 2 双 - 3 单 - 1 双

在双方没有兼项运动员参加的比赛按照第一种排序进行。在预赛和半决赛中，采用第一种第二种排序。在决赛阶段选择第三到第六的排序。

尤伯杯赛

尤伯杯是代表了当今世界羽毛球最高水平的女子团体赛，其实就是世界女子羽毛球团体锦标赛。从 1956 年至 2000 年间，国际羽联共举办了 18 届尤伯杯赛。同汤姆斯杯一样，尤伯杯从 1984 年起改为每两年一届。

尤伯杯是贝蒂·尤伯夫人（Betty Uber）捐赠的。她是英国 30 年代著名女子羽毛球选手，从 1930 年至 1949 年间，她曾多次夺得全英羽毛球锦标赛的女子单打、女子双打和混合双打比赛的冠军。尤伯夫人退役后仍对羽毛球运动情有独钟，为推动羽毛

尤伯杯

球运动的发展，她在1956年的国际羽联理事会上，正式向国际羽联捐赠由麦皮依和维伯制作的纪念杯，即现在的尤伯杯（Uber Cup），并亲自主持了第一届尤伯杯比赛的抽签仪式。

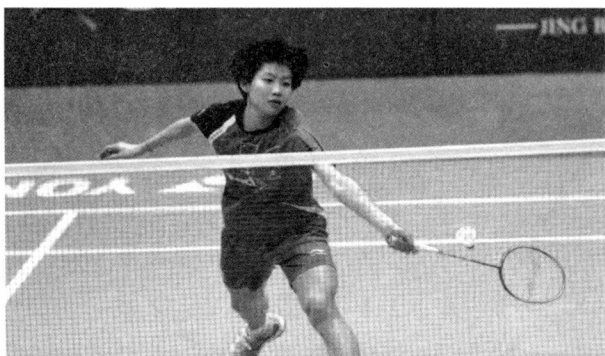

2012 年羽毛球尤伯杯赛汪鑫

尤伯杯高 18 厘米，有地球仪样的体部，在球体顶部有一羽毛球样模型，此模型的上端站着一名握着球拍的女运动员。底座的周围雕刻着这样的词句："尤伯夫人于 1956 年赠送国际羽毛球联合会组织的国际女子羽毛球冠军挑战杯"。

虽说羽毛球运动起源于英国，而且汤、尤杯赛都是由英国人发起的，国际羽联主要领导人也多是英国人，可英国羽毛球队却没有夺得过一次汤、尤杯赛的奖杯。倒是美国姑娘在前三届来了个"三连冠"。自 1966 年的第四届起，尤伯杯就一直留在了亚洲。其中，日本和

2012 尤伯杯羽毛球赛 中国队 3 比 0 夺冠

印尼队各获得 5 届和 3 届。中国女队自 1984 年开始参加尤伯杯赛，并创纪录地连续把这座冠军杯保留了 10 年之久。但在 1994 年和 1996 年，冠军杯连续两届由一代"羽后"王莲香挂帅的印尼队夺得。1998 年，中国女队又将阔别 4 年的尤伯杯夺回，并在 2000 年、2002 年和 2004 年

连续夺冠，实现尤伯杯四联冠。

世界羽毛球锦标赛

世界羽毛球锦标赛金牌

世界羽毛球锦标赛是国际羽毛球联合会在继汤、尤杯赛后，为了适应世界羽毛球运动日益发展的需要而设立的一种以个人单项为竞赛项目的羽毛球锦标赛。

1934 年，国际羽毛球联合会在英国成立，是第一个世界性的羽毛球组织。1978 年，世界羽毛球联合会成立。在两个组织联合之前，它们各自已经举行了两届彼此认为是世界性的羽毛球单项比赛，即国际羽联于 1977 年和 1980 年，而世界羽联在 1978 年和 1979 年。1981 年，两个国际性羽毛球组织宣布联合，名称仍为国际羽毛球联合会。在联合会（1996 年 6 月底会员国、地区为124 个）上协商决定，每两年举行一次世界羽毛球单项比赛，即世界羽毛球单项锦标赛（Individual World Championships），并延续两个

林丹首夺羽毛球世锦赛男单冠

国际羽毛球组织以前的届数。

1983 年在丹麦首都哥本哈根正式举行了第三届世界羽毛球单项锦标赛。此项赛事只进行 5 个单项的比赛，即男女单打、男女双打和混合双打。所有项目的冠军都将获得金牌，亚军得银牌，半决赛的负者得铜牌。

1988 年国际羽联决定世界羽毛球单项锦标赛与新设立的苏迪曼杯赛同时同地举行。国际羽联根据当时的世界排名，邀请每个项目中的前 16 名（对）运动员直接参加比赛。国际羽联的每个会员国和地区可以在每个项目中报名的运动员不得超过 4 名（对）。

苏迪曼杯赛

苏迪曼杯

苏迪曼杯是印度尼西亚羽毛球协会向国际羽毛球联合会捐赠的一座奖杯；苏迪曼杯的杯身由纯银铸成，外表镀有纯金，杯高 80 厘米、宽 50 厘米、重 12 公斤，其造价为 15000 美元，它是一座极富民族特色、象征着印尼人民对羽毛球运动无限热爱的奖杯。

苏迪曼先生（1922 — 1986）是印度尼西亚一位将毕生的精力奉献给羽毛球运动的"赤子"。苏迪曼从 10 岁开始系统地学习羽毛球，后曾多次获得印尼各种羽毛球比赛的冠军。1951 年，在苏迪曼先生的积极倡导下，印尼羽毛球协会正式诞生，苏本人被选为该协会首任主席，此后，他连续 22 年当选印尼羽协主席，1973 年他被选为国际羽毛球联合会理事，1975 年出任国际羽毛球联合会副主席，直至 1986 年去世。

继汤姆斯杯赛、尤伯杯赛和世界锦标赛世界三大比赛之后，1987 年国际羽联决定新增设一项世界男女羽毛球混合团体锦标赛，并以苏迪曼杯作为这一锦标赛的优胜者奖杯。1989 年，这项与汤姆斯杯、尤伯杯齐名的代表世界最高水平的男女羽毛球混合团体锦标赛———苏迪曼杯赛正式创办，印尼队如愿夺冠，可谓实至名归。

中国队夺得 2007 年苏迪曼杯

苏迪曼杯赛每两年举行一次，逢双数年是汤、尤杯赛，单数年为苏迪曼杯赛。苏迪曼杯比赛采用五场三胜制，由男子单打、女子单打、男子双打、女子双打和混合双打五个项目组成。按照赛制规定，在小组阶段必须打满五盘，而进入半决赛、决赛之后，则先拿到三分的队即告胜出。

2013 苏迪曼杯中国队 3 比 0 战胜韩国队
完成五连冠霸业

自 1989 年首届苏迪曼杯比赛在印尼举行以来，至今共举行了十三届，其中韩国获得三届冠军，中国实现了五连冠，而印尼仅夺得一届冠军。

北京时间 2013 年 5 月 26 日，第十三届苏迪曼杯进入了最后决赛日的争夺，中国队与韩国队争夺本届苏迪曼杯的奖杯。结果，中国队以大比分3：0完胜韩国队，第九次捧起苏迪曼杯，同时也实现了首个苏杯五连冠。

国际奥林匹克运动会羽毛球比赛

奥运会是世界上最瞩目的一项大赛。国际奥委会与国际羽毛球联合会是两个不同的组织。他们互相配合、相互认可。国际羽联在 1970 年就着手准备进入奥运会的工作，但直至 1985 年 6 月 5 日，在国际奥委会第 90 次会议上才决定将羽毛球列为奥运会的正式比赛项目。在 1988 年汉城奥运会上，羽毛球被列为表演赛并取得成功。在 1992 年的巴塞罗那奥运会最终设立羽毛球为正式比赛项目。奥运会羽毛球赛不仅是当今世界羽毛球运动最高水平的赛事，而且更具象征意义。1972 年在慕尼黑举行的第 20 届奥运会上，羽毛球也曾被作为表演项目举行。

在 1992 年巴塞罗那举行的第 25 届奥运会上，羽毛球项目设有男子单打、女子单打、男子双打和女子双打四个项目。这四个项目的优势主要在亚洲，而欧洲国家的选手更适合打混合比赛。所以，国际羽联与国际奥委会决定在 1996 年亚特兰大奥运会上增设羽毛球混合双打比赛项目，使得奥运会的羽毛球比赛项目更为丰富。由于羽毛球项目拥有 5 枚金牌，从而加入了奥运会奖牌大户之列，

2012 年伦敦奥运会中国队包揽冠军奖牌

成为各国高度重视和激烈争夺的焦点项目之一。

国际奥委会对奥运会羽毛球项目参赛选手名额有严格限制，比赛根据世界排名，选出前 33 名单打运动员、19 对双打选手和 17 对混双选手直接参加奥运会。但每个项目中至少必须包括有 5 大洲的各 1 名运动员和 1 对选手。这些运动员必须是世界排名最前面的运动员。如果在世界排名中仍没有某洲的选手，则以在积分期间的最近一次洲比赛中的冠军选手出席。东道国应有不少于两名运动员参加比赛。每个国家和地区在 1 个项目中最多只能有两个席位，多出的席位让给排名后位的选手。

在 1992 年巴塞罗那第 25 届奥运会的首次羽毛球比赛中，中国羽毛球运动员共获得一枚银牌和四枚铜牌。在 1996 年亚特兰大第 26 届奥运会上，中国羽毛球健儿共夺得一枚金牌、一枚银牌和两枚铜牌。

2012 年伦敦奥运会羽毛球项目成绩和奖牌得主一览表

奥运比赛项目	金牌	银牌	铜牌
羽毛球男单	林丹(中)	李宗伟(马)	谌龙(中)
羽毛球女单	李雪芮(中)	王仪涵(中)	内瓦尔(印)
羽毛球男双	蔡赟/傅海峰(中)	鲍伊/摩根森(丹)	郑在成/李龙大(韩)
羽毛球女双	田卿/赵芸蕾(中)	藤井瑞希/垣岩令佳(日)	索罗基娜/维斯洛娃(俄)
羽毛球混双	张楠/赵芸蕾(中)	徐晨/马晋(中)	菲舍尔/彼得森(丹)

2008 年北京奥运会羽毛球项目成绩和奖牌得主一览表

奥运比赛项目	金牌	银牌	铜牌
羽毛球男单	林丹(中)	李宗伟(马)	陈金(中)
羽毛球女单	张宁(中)	谢杏芳(中)	尤丽安蒂(印)
羽毛球男双	基多/亨德拉(印)	蔡赟/付海峰(中)	李在珍/黄智万(韩)
羽毛球女双	杜婧/于洋(中)	李孝贞/李敬元(韩)	魏轶力/张亚雯(中)
羽毛球混双	李龙大/李孝贞(韩)	诺瓦/纳西尔(印)	何汉斌/于洋(中)

2004 年雅典奥运会羽毛球成绩一览

项目	冠军	亚军	季军
男子单打	陶菲克(印)	孙升模(韩)	索尼(印)
女子单打	张宁(中)	张海丽(荷)	周密(中)
男子双打	金东文/何泰权(韩)	李东秀/柳镛成(韩)	林培雷/徐永贤(印)
女子双打	杨维/张洁雯(中)	高凌/黄穗(中)	罗景民/李敬元(韩)
混合双打	张军/高凌(中)	罗布森/艾姆森(英)	艾利森/史乔黛格(丹)

2000 悉尼奥运会羽毛球成绩一览

项目	冠军	亚军	季军
男子单打	吉新鹏(中)	叶诚万(印)	夏煊泽(中)
女子单打	龚智超(中)	卡米拉–马丁(丹)	叶钊颖(中)
男子双打	吴俊明/陈甲亮(印)	李东秀/柳镛成(韩)	何泰权/金东文(韩)
女子双打	葛菲/顾俊(中)	杨维/黄楠雁(中)	高凌/秦艺源(中)
混合双打	张军/高凌(中)	特里库斯/许一敏(印)	西蒙–阿切/古德–琼妮(英)

1996 亚特兰大奥运会羽毛球成绩一览

项目	冠军	亚军	季军
男子单打	霍耶尔–拉尔森(丹)	董炯(中)	拉希德–西德克(马)
女子单打	方铢贤(韩)	张海丽(印)	王莲香(印)
男子双打	迈纳基/阿赫马德–苏巴吉亚(印)	谢顺吉/叶锦福(马)	安东纽斯/丹尼–康托诺(印)
女子双打	葛菲/顾俊(中)	吉永雅/张惠玉(韩)	唐永淑/秦艺源(中)
混合双打	吉永雅/金东文(韩)	朴柱奉/罗景民(韩)	刘坚军/孙曼(中)

1992 巴塞罗那奥运会羽毛球成绩一览

项目	冠军	亚军	季军
男子单打	魏仁芳（印）	阿迪（印）	托马斯－劳里森（丹）/蔡祥林（印）
女子单打	王莲香（印）	方铢贤（韩）	唐九红、黄华（中）
男子双打	金文秀/朴柱奉（韩）	郭宏源/洪忠中（印）	李永波/田秉毅（中）、拉兹夫/拉希德（马）
女子双打	郑素英/黄惠英（韩）	关渭贞/农群华（中）	姚芬/林燕芬（中）、吉永雅/沈恩婷（韩）

世界羽毛球大奖赛

世界羽毛球锦标赛	世界大奖赛总决赛	马来西亚羽毛球公开赛	印尼羽毛球公开赛
世界杯羽毛球比赛	美国羽毛球公开赛	中国羽毛球公开赛	全英羽毛球公开赛
日本羽毛球公开赛	香港羽毛球公开赛	台北羽毛球公开赛	韩国羽毛球公开赛
泰国羽毛球公开赛	新加坡羽毛球公开赛	瑞士羽毛球公开赛	丹麦羽毛球公开赛
俄罗斯羽毛球公开赛	德国羽毛球公开赛	荷兰羽毛球公开赛	加拿大羽毛球公开赛
苏格兰羽毛球公开赛	澳大利亚羽毛球公开赛		

PART 11　礼仪规范

羽毛球运动从诞生到现在，始终是一项高雅的运动。尊重对手，尊重裁判，女士优先，用语文明，讲究举止等等，都是羽毛球文化所倡导的。羽毛球是对声、光、色彩乃至室内空气条件要求最严格的球类项目之一，任何一方面不理想都会对比赛和运动员产生负面影响。这就要求在观看羽毛球比赛过程中，要相对保持安静，不要随意发出响声，场地背景要相对较暗等。因此，在羽毛球赛场中对观赛者应该有一套行之有效的普遍的约束机制，以保证比赛的正常进行。羽毛球赛场礼仪就是其中一种重要的约束规范。

具体规范

（1）观赛者应在赛前 5 分钟入座，观看比赛不应吸烟。若有贵宾观看比赛时，应礼貌地鼓掌表示欢迎。

（2）颁奖奏获奖队国歌时，观赛者应肃立，不应谈笑或做其他事情。

（3）比赛中，观赛者尽量不要从座位上站起来，更不要随意在看台上来回走动。

（4）赛中，观赛者应适时为双方运动员鼓励加油。对精彩的表演可当场报以热烈的掌声和喝彩，不应喝倒彩或者起哄。

这点是对观众一个较高层次的要求，就是在适当的时刻有节制地为

羽毛球观赛

主队选手呐喊助威。选手在比赛中一般都是处于一种全力以赴的状态，其实是非常害怕受到外界干扰的。不过，一般来说，主场观众那种似火的热情又让他们感到一种盛情难却的压力。因此，什么时候喊加油，什么时候停止加油，都是比较讲究的事。

（5）观赛者要遵守赛场规定。

（6）观赛者不应提前退场。

（7）比赛结束时，观赛者应热烈鼓掌。

（8）观赛者的服饰应得体大方。

观赛禁忌

（1）观赛者不得使用粗鲁的、不文明的、带有敌意的、攻击性的或侮辱性的语言刺激球员。

（2）观赛者在观看比赛时不得燃放烟火，不得向场内抛掷物品。

（3）观赛者不得破坏公物，不得做不文明手势。

（4）观赛者在观看比赛拍照时，不得使用闪光灯。同其他很多体育项目相似，观众在观看羽毛球比赛的时候，拍照不要使用闪光灯。这是因为，在球员发球的时候，瞬间的刺激会干扰选手，分散选手的注意力。

（5）观赛者在观看比赛时，不允许吸烟。

（6）观赛时应将手机关机或设置在振动、静音状态。

（7）观赛者不得将锣鼓、乐器等响器带入比赛场内。

PART 12 明星花絮

羽坛常青树——皮特·盖德

丹麦著名男子羽毛球单打运动员，欧洲羽毛球名将之一，曾写下了连续 62 周世界排名第一的神话。他亦是世界上最优秀的单打选手之一，却没有获得过任何一个奥运会、世锦赛甚至汤姆斯杯的冠军，但他赢得了队友和对手的尊敬。

在 1999 年－2002 年独步羽毛球坛，2000 年奥运会男单第四名和 2001 年世锦赛男单亚军，后因伤停赛两年左右。复出后打法有所改变，技术仍然保持领先，但是体力下降导致成绩不如从前。是目前世界羽毛球坛的常青树，也是单打技术最全面的选手之一。

盖德曾经连续 62 周占据了世界男单排名第一的位置，但他从未获得过任何一项世界冠军称号。由于父母是业余羽毛球运动员，受他们的耳濡目染，盖德 4 岁就拿起了球拍，他同时还喜欢足球运动，12 岁时他做出了人生的第一个重要决定：他选择了羽毛球而不是足球作为自己一生的职业。盖德 13 岁起正式接受职业训练。

盖德右手执拍，也许是从小就崇拜"四大天王"之一的赵剑华的缘故，盖德的打法结合了欧亚球员所长，能攻善守，网前球技术细腻为他制造了更多的进攻机会，从而掌握比赛的主动权。

然而在冲击世界冠军的道路上，盖德却屡屡倒在了亚洲人的拍下，

1994 年世青赛冲击男单冠军未果是他第一次遭遇的挫折，但挫折反而更激励了这名北欧人的斗志，从 1998 年到 2001 年，盖德多次收获公开赛冠军，世界排名长期高居第一，然而世界冠军就是和他无缘，1999 年苏迪曼杯和世锦赛在丹麦哥本哈根举行，盖德先是在苏杯决赛中输给了孙俊，接着又在世锦赛半决赛失利，相反他的女友马尔廷却在苏杯遭到戴韫翻盘之后迅速调整状态，在世锦赛中突破张宁、龚睿那和戴韫 3

皮特·盖德在球场上

名中国选手的重重包围获得冠军。

2000 年奥运会和 2001 年世锦赛成为盖德的另外两次滑铁卢，奥运会他先后输给了吉辛鹏、夏煊泽，仅获第四，和奖牌失之交臂。2001 年 5 月的塞维利亚世界锦标赛，盖德首次进入决赛。然而，盖德却 0 比 2 败给了印尼老将叶诚万。当时场上除了印尼观众外，所有人都在为盖德加油助威。失利后，盖德沮丧不已。

这不是最后的打击，2001 年世界大奖赛总决赛中，严重的膝盖伤势让盖德不得离开赛场。盖德不得不接受手术，最终因伤缺阵超过一年，专家断言盖德的伤势难以复原，但是盖德从未放弃，始终相信自己能复出，沉寂了一年之后盖德果然又出现在了赛场上。

而且盖德的状态正在慢慢转好，2011 年 5 月他带领丹麦队闯进了汤姆斯杯的决赛，虽然他最终遗憾的以 0 比 2 输给了林丹，再次与世界冠军擦肩而过，但在 2012 年 1 月，他却出人意料的闯进了马来西亚超级赛的决赛，并且最终击败比他年轻很多的鲍春来夺冠，要知道盖德在从哥本哈根飞往比赛地吉隆坡的途中突然出现严重偏头痛和呕吐症状，一抵达吉隆坡国际机场就被送往当地一所医院，在接受了点滴治疗后出院没多久就出现在了赛场上，并一路过关斩将获得了冠军。

皮特·盖德

2012 年伦敦奥运会羽毛球男子单打，盖德在八进四的比赛中负于小他 12 岁的中国小将谌龙，虽然带着遗憾，却无悔的离开了奥运赛场。盖德已经决定在当年年底打完哥本哈根大师赛后正式退役，对这位曾经辉煌过的优秀运动员来说，虽然最大的遗憾是，在他近 20 年的职业生涯中未获得过任何一个奥运会、世锦赛和汤姆斯杯的冠军，但曾经写下连续 62 周世界排名第一的神话，也曾经创造 9 次出战汤姆斯杯的纪录，还同陶菲克一样四度参加奥运会，也在 36 岁的"高龄"依旧排在世界第五，所有这些已经创造了一个难以逾越的神话，连老对手林丹都用"了不起"来形容他，称盖德将是自己的下一个目标。祝福盖德在做教练后，能够带出更加优秀的选手，来帮他实现未竟的奥运梦想。

"羽坛飞客" ——陶菲克

当今羽坛男子单打项目中的天才选手，他技术全面、在场上充满了创造力和想象力，网前的小球技术及反手"惊世一拍"更是出神入化。他是世界羽坛男单运动员中第一位也是迄今为止唯一一位集奥运会、亚运会、世锦赛、汤姆斯杯冠军于一身的大满贯球员，也是印度尼西亚公开赛六冠王得主。

陶菲克说，八岁时，他喜欢足球，可是父亲告诉他，羽毛球才是印尼的国球。"如果你要玩足球就只能呆在印尼，如果要进国家队就要去打羽毛球"。15岁那年，他进入了印度尼西亚国家队，三年后，他就取得了全英公开赛男单亚军，被誉为"羽坛神童"。印尼的那些女记者们总是这样歌颂他，"哦，他是多么英俊！多么可爱！他是上天派给我们印尼的天使！他顾盼生

陶菲克

辉，他明艳照人，他是我们女人的梦中情人！"

2000年，意气风发的少年悍将陶菲克作为悉尼奥运会的头号种子选手，却在四分之一决赛输给了排名第七的中国选手吉新鹏，走出赛场，陶菲克哭了。"是的，

陶菲克网前救球

我哭了，我不相信我为什么会输？我又必须等待4年，等待下一次的奥运会。我已经是顶级选手了，我是第一，为什么会输？后来的几天，我自己在想，那只是一场比赛，谁都可以赢，谁都可能输。在输了之后，我要去轻松一下，疯狂一下，去PARTY，去听歌，去忘记这场比赛。所以之后我都没有看接下来的比赛，我每天都出去，不再去想那场比赛。但是我

没有想过放弃羽毛球，因为我的人生目标就是奥林匹克"。

"超级丹" ——林丹

林丹有"超级丹"之美誉，中校军衔。中国男子羽毛球队单打运动员。9 岁进福建体校，12 岁进入福州八一体工队，教练是何国权，18 岁进入国家队，教练是伍佰强、汤仙虎、钟波、李志峰。

林丹

林丹的技术特点是左手握拍，以拉吊突击为主打法，进攻意识强，场上速度快，进攻落点好，攻击犀利，步伐灵活，扣杀较具有威胁。

2002 年 8 月，不满 19 岁的林丹登上国际羽联排名第一的位置。2008 年获奥运冠军。2010 年获广州亚运会男单冠军。2011 年 8 月 14 日于伦敦世锦赛上，获得第四个世锦赛男单冠军，同时他的世界冠军数达到了 15 个。北京时间 2012 年 8 月 5 日，在伦敦奥运会羽毛球男子单打决赛中，林丹夺得金牌，也因此成为首个卫冕冠军。2012 年 9 月 23 日，与谢杏芳举行婚礼。

小林丹与羽毛球

林丹出生于福建省龙岩市上杭县。林丹小时候，妈妈总喜欢把他当成女孩子来打扮。那时候的林丹胖乎乎的，头发留得长长的，都快盖住耳朵了，有时候，两个小脸蛋上还被妈妈抹得红红的，再穿上妈妈买的红色衣服，活脱脱一个小女孩。

20世纪80年代初，全国各地风靡学电子琴。当时，林丹正在上学前班，班里的同学都被家长带着去学电子琴，林丹也不例外。妈妈给他买了一台"卡西欧"的电子琴，价值一两百块，这个价格在当时已经是很高的了。可是，这么昂贵的电子琴却没能吸引住小林丹的注意力，天天坐在电子琴前，只动动手指头，这可把爱动的小林丹憋坏了，刚弹上一会儿，他就想从椅子上下来东逛逛西走走，结果只练了一个星期，他就再也不肯练了。林丹的爸爸和妈妈都是体育爱好者，爸爸喜欢打乒乓球和排球，妈妈游泳，还打篮球，经常代表上杭县去龙岩参加比赛。妈妈想，儿子不愿练电子琴，可总得练点别的吧。于是，她打篮球的时候就带上林丹，让他自己在场上跑着玩。当时，上杭县体育馆有少儿业余羽毛球的培训，林丹周围有很多小朋友都去那儿练球了。有一次，林丹跟着他们一起去体育馆玩儿，他第一次看到了羽毛球。看见小朋友们跑来跑去，挥拍、接球，林丹一下子被吸引住了，好像是找到了一种对味的感觉。那一年，林丹5岁。

很快，林丹就进了培训班。但因为是业余班，其实更多时候是在玩儿。小朋友们在一起练习握拍、挥拍、跳绳等基本功，趁教练不注意，林丹就跟小朋友偷偷玩游戏，那段时光是快乐和无忧无虑的。

那个时候，小小年纪的林丹就显示出了不肯服输、自尊心强的劲头。当时的训练项目中，唯一让林丹害怕的就是压腿。刚开始的时候，小孩子的韧带没拉开，腿压不下去，教练就帮他压，小林丹疼得直哭，边哭边压，回家后，妈妈还要帮他继续压。可是，不管再怎么疼，妈妈也从来没有听他说过不想去练了。周末的时候，训练队要长跑，绕着上杭县城跑两圈，至少也有几千米，林丹是队里年纪最小的，他跑不到前面去，就死死跟着大一点的队员跑，一定要跑完全程，绝不肯中途停下。另外，在队里打比赛，如果输了球，教练还没说什么，林丹自己就开始掉眼泪了。

在业余班，林丹是唯一用左手打球的孩子，教练因此对他特别关注。虽然因为年龄太小，林丹的技术水平在班里并不是最好的，但他的身体素质很突出，当时班里进行技术评定，他的基本动作、步法，前后摸球线等项都名列前茅。

泪水中成长

1992年，9岁的林丹顺利进入福建省体校，来到了距上杭县600公里远的福州。在省体校的第一个学期，林丹是伴着泪水度过的。

林丹是在那年的冬天进的省体校，一向怕冷的他很不习惯宿舍的生活。自从把他送到福州的爸爸妈妈走后，他就开始哭，几乎天天都要哭上一场。甚至有时在训练的时候，练着练着想家了，小林丹就哭起来了，教练一看，就先让他站在一边，哭完了再练。训练完了，回到宿舍，他独自一人常常发呆，不知不觉中又开始哭起来。后来，林丹开始给家里写信，一天一封，主题基本都是：爸爸妈妈我想你们，你们快来看我吧。直到今天，林丹妈妈还保留着其中的一些信。好在外婆外公和舅舅在福州，稍微缓解了林丹的思家情绪。每到周末，林丹便去外婆家吃点好吃的，给妈妈打个电话，周日再回到体校。刚到省体校的时候，从小没有离开过父母的林丹根本没有照顾自己的能力，衣服不知道换，床铺不知道怎么整理，更别说换洗床单枕套了，整个人都邋邋遢遢的。到体校的第一个星期，因为总是一个人发呆想家，在宿舍里哭，也想不起来去洗澡，他居然整整一个星期没有洗澡。直到第一个学期结束从家里再回到体校的时候，林丹想家的情绪才缓解了一些。不会再像以前那样哭了，家信也减少到一星期写一封了。

在挺过了最初的适应期后，林丹不服输、自尊心强的特点便显现出来。很快，他学会了换衣服、洗床单，独立生活的能力明显增强，在训练中更是特别要强。林丹妈妈说，有一次，林丹发烧打点滴，但他却不愿耽误训练，没有向教练请假，从医院回来便继续投入训练了。

部队经受洗礼

1995 年，在全国青少年比赛中，林丹获得了男单冠军，被解放军队看中，让他到队里试训了 10 天。之后没多久，林丹便接到了解放军队的录取通知，12 岁的他就这样跨进了军队的大门，成为一名军人。到解放军队后，队里给林丹发了很多新装备，有服装、球拍等，抱着这些装备，林丹别提多开心了。因为在此之前，他一直用的是木头拍子，从来没有用过这么好的装备。

除了新装备，林丹还拥有了自己的军装。当时他的个子特别小，还不到 1.4 米，帽子戴在头上像扣了一口锅，腰带系到最里面的扣眼还是松，裤子直往下掉，大家见了都哈哈大笑。

1997 年，林丹随解放军队到南日岛体验部队生活。在那里，他们这些专业羽毛球选手每天要跟部队官兵一起出操、站岗，在大太阳底下站几十分钟、夜间紧急集合等，林丹都一一体验过。除了操练，他们还要跟部队同吃同住，在解放军队训练的时候，大家总觉得伙食不好，挑来挑去的。到了那里，吃饭的时候，大家左看右看，看不到饭里的肉。据林丹说，那里讲究的是"看菜吃饭"，也就是说看没什么菜就多吃饭，即使有菜也要看着吃。有一次，林丹跟连长、班长几个人一起吃饭，一个盘子里只有几条小咸鱼，林丹上去就夹了两条放到自己碗里吃，班长后来质问他："知道什么叫'看菜吃饭'么？旁边还坐着连长呢！"刚去部队的时候，林丹要洗澡，就问澡堂在哪儿，几点有热水。

林丹在赛场上

班长告诉他这里洗澡不用热水。结果在部队的 20 天，林丹只洗了 3 次澡，也就是用凉水冲一下便赶快穿上衣服。经过那段时间在部队的锻炼，林丹充分感受到了当军人的不容易，体会到了军人的可贵可敬，也让他平添了身为军人的责任感和自豪感，这种感情后来在林丹得胜后的标志性动作——行军礼中得到了充分的释放。

林丹说自己在赛场上的那股霸气是与生俱来的，事实上，这股霸气是缘于他从小不服输的性格。这股不服输的劲头让林丹在无论多么苦多么累的情况下都不愿低头，从地方体校到军队，他的这种性格得到了更好的锤炼。

成长为"超级丹"

2002 年 8 月 22 日，不满 19 岁的林丹竟登上国际羽联排名第一的位置，尽管保持的时间仅有一周。自 2002 年首夺公开赛冠军起，林丹在世界羽联超级系列赛和各项国际大赛中获得大量冠军。从 2004 年到 2008 年几乎四年时间占据男单世界排名第一的宝座，被世界羽联和媒体称为"超级丹"。

马来西亚　"杀手"　——李宗伟

马来西亚羽毛球运动员，华裔，擅长单打。从 1998 年开始代表马来西亚出外参加比赛，2003 年在大马卫星羽球赛赢得首个冠军。目前被誉为大马羽球一哥，媒体间常把中国林丹、印尼陶菲克与李宗伟并列为世界三大高手。2011 年世界羽联超级系列赛总决赛男子单打四强。2012 年伦敦奥运会单打亚军。

儿时的李宗伟

李宗伟祖籍福建，祖父祖母当年为了生计从福建南下，从此扎根在马来西亚第二大城市槟城。李宗伟有两个哥哥一个姐姐，作为家中最小的一个孩子，好玩的好吃的总是归他所有，但他的个子总是不见长。为了能让自己长高一些，李宗伟迷上了篮球，他还进入了州队，但是妈妈看到儿子每天在球场晒得很黑，就勒令他今后不准再打篮球了。

有一天，喜欢打羽毛球的爸爸带李宗伟到自己常去的球馆玩，李宗伟好奇地拿起球拍挥了几下，一旁的教练看见这个 11 岁的男孩虽然其貌不扬，但是身体协调性比一般孩子高出一大截，随即就提出希望收李宗伟为徒，让他每天放学后到这里来练球。爸爸虽然很高兴，但是他实在没有时间每天接送，教练一听，拍着胸脯说："放心吧，交给我好了，你只要每天把他送过来，我保证练完球就把他安全送回家。"于是，李宗伟开始正式学习羽毛球。本以为学球之后会变得强壮些，不料想，这么多年过去，他依然是当初瘦弱的身材和不起眼的模样。

初练球时，宗伟脾气很坏，曾经不甘被郑教练骂，丢球拍走人。"为了惩罚他，整个月不让他去练球，最后他承诺，不再乱发脾气，也真的有所改善。"李家过去家境时好时坏，某次屋内进贼，只拿走宗伟的羽球拍，没了羽球拍无法练球，宗伟失落难过，后来教练送他新的羽球拍，爸妈也买了一个给他，又恢复练球。

为替宗伟累积更多实战经验，李爸常帮他报名参加公开赛，太平、怡保、峇眼色海等地方，都有他们的踪迹，小孩对垒大人，宗伟每次至少拿下季军。

短短 5 年间，宗伟入选国家队，李爸明确地说，儿子当时是 17 岁 6 个月。生平第一次独自离家，去到陌生的首都受训，李爸表示，他每天打电话回家，都哭着说想回来。"我告诉他，别人想成为国家队却苦无机会，既然你被选上，无论如何也试着待下去。"

从球馆到羽毛球专业学校，从州队（相当于中国的省队）再到国家队，李宗伟只用了 6 年时间。1999 年在马来西亚全国锦标赛一举夺魁后，17 岁的李宗伟终于披上了国字号战袍。

2000 年世青赛，被寄予厚望的李宗伟在半决赛中输给了印尼新星

李宗伟

索尼，屈居第三。那时候，马来西亚的男单"一哥"是黄宗翰，教练只是把李宗伟当作一个"技术全面、将来很有希望"的新人来培养，直到 2004 年在中国台北公开赛上，李宗伟才拿到了自己的第一个公开赛冠军。带着自己的第一个冠军，李宗伟站在了雅典奥运会的赛场上，但是稍显稚嫩的他在 16 进 8 的比赛中输给了陈宏，他说第一次的奥运之旅自己并没有遗憾，毕竟那时候差的还是太多了。

奥运会后，李宗伟迎来了事业上的转机，他的教练从招他进国家队的米斯本换成了李矛。但是对这样一个有着重大意义的换帅过程，李宗伟接受的并不心甘情愿："一直以来米斯本的体能训练对我很有帮助，但李矛来了之后，跑步都少了，我确实不信任他。"但半年后，李宗伟的步法和网前技术有了明显提高，成绩也逐渐上升，不仅连续第三年夺得马来西亚公开赛冠军，2006 年初，他的世界排名更是飙升到第一，速度之快让他自己也没想到。

事业低潮期

当李宗伟坐上世界羽坛男单的头把交椅之后，他却开始了一段跌跌撞撞的下坡路。2006 年 9 月在马德里，李宗伟在世锦赛四分之一决赛中输给了鲍春来，之后便陷入了事业的低潮期，在此后长达一年的时间里，他没有获得过任何一项赛事的冠军。

多哈亚运会前夕，李宗伟不幸出了车祸，他开车在高速公路上去训练，没想到跟在他后面的车爆胎了，失控的车子撞到了他开的汽车，他头部流了很多血，最后缝了6针，那道疤痕现在还清晰可见。祸不单行的是，从亚运会铩羽而归后，将他从一个普通球员带到世界第一的恩师李矛也离开了他，他的教练又换成了米斯本。

那段时间，他滑落到了低谷中，因为车祸，他很久不能系统的训练，在比赛时也会看不清球，不得不申请擦汗来休息一下的情况，好几次大赛，他的签位都不错，但是他却没有抓住机会，大马的很多媒体，在报章上说他不可能再有好的成绩了，称他是"家乡的冠军"，在国际的大赛上取得不了好的成绩。

但是，他对自己说："我能当世界第一，就证明我有这个实力，受伤、换教练对我只是一个考验，我一定会走过去。"

之后米斯本对他加强了体能和力量的练习，而且他也更努力的训练，在这样的努力下，他的速度和攻击力都有了很大的提高。

在李宗伟走出低谷参加的第二站超级赛印尼公开赛上，他赛前给自己订的目标仅仅是进入四强，但是他却一路杀进了决赛，并且在决赛中战胜了鲍春来，轻松获得了2007年的第一个冠军，堪称马来西亚"杀手"。在随后的苏迪曼杯小组赛中，他又力挫林丹，再次成为媒体追逐的焦点。虽然世锦赛的失利使马来西亚国内对他的质疑声再起，但李宗伟自己说那个暗藏杀气的李宗伟又回来了。对于外界再一次的非议，经历了高峰低谷的李宗伟看得很淡，他说无所谓输赢，只要打了一场好球，只要身体健康就好。

2008年的奥运会，他杀进了决赛，但是却惨败给了林丹，在多数大马国人的眼里，他这枚银牌给大马带来了荣耀，但是他自己却认为这是一次惨痛的经历，返程的飞机上，他控制不住地掉下了眼泪，他认为他自己不该输。在奥运会后接受电视台的专访中，提起这枚银牌，他还是忍不住掉下了眼泪，他说自己对不起自己的教练，对不起自己的家人、国家，对不起向来支持自己的人。

2009年，他逐渐走出了奥运失利的阴影，并且鞭策自己更努力的

李宗伟与林丹的巅峰对决

训练，每天早上 6：30 他都会出现在球馆，他的努力没有白费，2009 年一年和 2010 年上半年，他取得了很多的冠军，包括 2010 年全英赛的冠军。

2012 年伦敦奥运会，李宗伟一路杀到男单决赛。与四年前的北京奥运一样，对手还是林丹。第一局以 21：15 战胜林丹，第二局林丹适应其打法，10：21 被林丹扳回一局。最后一局，曾有 19：18 领先的李宗伟，还是惜败林丹。当最后一球出界，镜头大多给了林丹奔跑庆祝的样子，却忘了那个蹲在地上拿拍子支撑住身体的李宗伟。

朴成焕

朴成焕，韩国羽毛球男子单打选手，曾经是韩国男队单打队伍中的中坚力量。曾为韩国队夺得 2009 年苏迪曼杯世界混合团体锦标赛亚军立下汗马功劳。又因为在 2007 年两胜中国选手林丹而世界瞩目。

与林丹对决

1984 年出生的朴成焕的实力很强，在几年间迅速成为韩国第一男单，他的实力并不在前奥运冠军之下，在目前的世界羽坛，朴成焕是为数不多能够 2 次以上战胜林丹的选手。

两人的第一次交锋发生在 2004 年的马来西亚公开赛。那是雅典奥运会前的最后一站公开赛，当时林丹"超级丹"的外号刚刚叫响，而朴成焕还只是个初出茅庐的无名之辈，但是冷门就在那里发生了。四分之一决赛林丹被朴成焕打败，最终他带着一场失利出征雅典，只是由于此后林丹在雅典的首轮出局太震撼，人们往往只记住了爆冷的苏西洛，而忘却了之前的这个朴成焕。

两年以后，林丹仍旧是世界第一，他带着前一年世锦赛决赛惨败给陶菲克的耻辱来到马德里，准备报仇雪恨。在那里，第二轮林丹与朴成焕再次遭遇，看来 2004 年的那次失利并没有让林丹对朴成焕留下太深的印象，他茫然的如此形容对手"韩国队哪个啊？是不是那个小眼睛？"这场比赛 15 号种子朴成焕 0：2 完败，而林丹则一路高歌最终首次获得世锦赛冠军。

2007 年之后朴成焕已晋身顶尖高手行列，他们这一年三次交手。年初的马来西亚超级赛上，林丹首轮击败了老对手陶菲克，但是次轮

赛场上的朴成焕

却以 14：21 和 17：21 负于朴成焕。11 月的法国超级赛林丹以 21：18 和 21：10 报仇成功，但是半个多月之后，林丹在 21：19 拿下第一局之后，在第二局以 20：18 领先，朴成焕却挽救了 2 个赛点，以 22：20 逆转，并以 21：17 拿下了决胜局。两个人的交手纪录朴成焕再次以 3：2 领先。

进入 2008 年，对于对手的球风越来越适应的林丹也通过连续两场胜利把两人的交手纪录改写成自己占优。2008 年的汤姆斯杯，韩国队第一次打进决赛，首场比赛双方的第一单打碰撞，结果林丹在 10：21 先

输一局的情况下，以 21：18 和 21：8 连扳两局，为中国队最终夺冠奠定了基础。

2008 年北京奥运会上，状态达到巅峰的林丹在八分之一决赛中对阵朴成焕，这次他完全占据了优势，以 21：8 和 21：11 完胜对手。

纵观双方的 7 次交手，朴成焕在前期始终战绩占优，他的球风自成一体，林丹可能并不是很适应，在交手逐渐增多之后，林丹也渐渐找到了对付朴成焕的办法，最近一次对阵两局只让对手得到 19 分。实力上来看，还是林丹上风，如果能充分调动起来，林丹应该有至少六成的获胜把握。

"千年老二" ——鲍春来

身高臂长，动作灵活，打球悟性较高。2000 年在广州举行的世青赛上，鲍春来一路过关斩将勇夺男单冠军，被选入国家一队。逐渐开始在一系列国际比赛中崭露头角，并成长为中国男队的绝对主力。

2006 年韩国公开赛上夺得其职业生涯首次单打冠军。2007 年 11 月于广州首次夺得中国羽毛球超级赛冠军。拥有亚锦赛、德国公开赛、日本超级赛、韩国公开赛、新加坡超级赛等一系列单打冠军头衔。并曾是 2005、2011 苏迪曼杯和 2004、2006、2008、2010 汤姆斯杯团体冠军成员。

"多动症" 男孩

从小时候曾经被怀疑患有 "多动症" 的调皮男孩，到逢大赛就鲜有佳绩的 "千年老二"，再到万人瞩目的亚运会旗手……在鲍春来人生的每个足迹深处，都饱含着父母殷切的爱。

鲍春来出生在一个普通的职工家庭，在他之上还有哥哥姐姐，家里的日子过得紧巴巴的。鲍春来一天天地长大，父亲鲍长安发现他很好动，成天在外面瞎跑，一回到家就将屋子弄得像个乱七八糟的杂货店，让母亲程运延很是头疼。

鲍春来 8 岁那年，恰逢长沙市业余体校羽毛球教练来到学校选拔苗子，他一下子就被相中了。鲍长安觉得送儿子去练羽毛球也好，这样儿子每天有事可做，就不会成天瞎胡闹了。

鲍春来

于是程运延每天中午不休息，加班将下午的一些工作做好，然后在下午 3 点她骑自行车将儿子从学校接到体校，之后再赶回单位上班，快 6 点时，她再赶到体校去接儿子回家。

为了让儿子多些时间练球，程运延每次都将车骑得飞快。这样风里来雨里去接送了鲍春来 4 年多，一辆八成新的自行车成了一辆破车，内胎就坏了 10 个。

鲍春来球艺进步很快。1994 年年底，他被选进湖南省体工队。进入省体工队后，他每周只有周六才能回家，而鲍长安夫妇对儿子的时间安排得更紧了。每周六上午一回到家里，程运延就安排鲍春来补习英语和数学等文化课，下午陪着他去练毛笔字。只有到了星期天上午，鲍春来才能玩一会儿，下午立即回到省体工队去。

没一点自由时间，年少的鲍春来越来越烦躁，甚至对训练出现了厌倦情绪。这时，他迷上了玩电子游戏，白天学校管得严，他便晚上偷偷去玩。鲍长安和妻子知道此事后，心里很难过，他们寻思着，该给孩子松松绑了。于是，鲍春来不用去练书法了，尽管此时他已多次在全国和全省少儿书法大赛中获过奖。

获得"减负"的鲍春来训练起来更卖劲了，水平也在飞速提高。1995 年在湖南省第 8 届运动会上他代表长沙市队夺得男单冠军。

2000 年 6 月，17 岁的鲍春来入选国家二队。鲍长安夫妇意识到，不能再像以前那样对儿子严厉管教了。

虽说放手让儿子去飞，但鲍长安和妻子的心里却一直拽着一根风筝线。那年 12 月，鲍春来参加在广州举办的世界青年锦标赛，这是他第一次参加这样的国际大赛，面对的都是世界各国羽坛青年高手。鲍春来不负众望，一路过关斩将，最后一举夺得男单冠军。当教练给鲍长安打电话报喜时，鲍长安和妻子相拥而泣，十多年来的含辛茹苦，终于将儿子培养成了国际羽坛上一位耀眼的新秀。

但夫妻俩很快发现，体坛上的竞争并不是拿一次冠军就能永远称霸的，一不小心就会被别人打败。鲍春来拿到冠军后，入选国家一队。当时队里有个规定：所有二队的队员都可以向国家一队的队员挑战两场，凡是挑战者连胜两场的，就可以进入一队，而败者就退回到二队。

二队的一名队员果然向鲍春来下了"战书"。第一场比赛，鲍春来有些紧张输了。鲍长安鼓励鲍春来，并给他发了一条短信："第二场比赛是关键的一场比赛，这样吧，你就把自己换个位置，将自己作为挑战者跟对方打吧。"此话让鲍春来豁然开朗，在比赛中他抱着挑战对方的心态，打得轻松而又主动，最后以大比分赢得比赛。

鲍春来从此在国家一队站稳了脚跟，2001 年丹麦羽毛球公开赛中，鲍春来再次过关斩将，以一种后起之秀的锐气和勇气战胜所有对手，最后一举夺得冠军。与世青赛不一样，这是鲍春来第一次参加成人组比赛，对手都是经验老到的高手。拿到这个冠军后，鲍春来有了一种雄霸天下的豪气，同时心里也滋长了一些少年得意的轻狂。

鲍长安在与儿子的通话中感知到了儿子的骄气，担心在电话里说会挫伤了鲍春来的积极性，但他知道必须要给儿子提个醒。于是，鲍长安又给儿子发了一条短信："你刚出道就连拿两个大赛冠军，说明你来势很好，要保持这个气势。但是千万不要有任何骄傲自满的心理，要知道，你前面的路还长着呢，羽坛顶级的几项赛事你都还没参加呢。"

鲍春来将父亲的短信反复看了数遍，他明白了：无论自己离开父母多远，父母却像在他身边一样，对他心里的任何变化都那么的清楚。他读懂了父母的心，给父亲回了一条短信："爸爸，我知道了，放心。"

"千年老二"的由来

2002年4月，鲍春来参加汤尤杯比赛。年仅19岁的他主动请缨，担任男单第二单打，跟马来西亚19岁的队员哈菲兹对阵，因为就在一个月前，他与哈菲兹进行了一场对决赛，最后他3比0完胜哈菲兹。因此，鲍春来自信时隔一个月后同样可以拿下哈菲兹。果然，比赛开始后，鲍春来打得十分主动，前两局鲍春来都赢了。但在关键的第三局时，哈菲兹调整战术，顽强拼打赢下一局。这时，鲍春来却乱了阵脚，每个关键的球他都打得犹豫不决的，以至让对方连连得分，最后竟3比5输给了对手。

鲍长安坐在电视机前看完了整场比赛，比赛结束后，他在那里呆坐了1个多小时没有挪动半步，脑海里一直晃动着鲍春来失利后那种痛苦的表情，思忖再三他终于按下了发送键，告诫儿子要暂时回避媒体，静下心来。

鲍春来还没有完全从汤尤杯失利的阴影里走出来，又遭遇了伤病的困扰。2002年9月，鲍春来左腿膝盖关节里又出现了游离体，每当游离体卡在关节中时，鲍春来就剧痛难忍，队里立即将他送到北医三院进行手术。而当时正值第14届亚运会在韩国釜山举行，鲍春来已被列为种子选手参赛，但由于突然受伤却不能参赛了，他感到十分失落。

为了能更好的照顾儿子，程运延来到北京，她在离鲍春来宿舍不远处租了一套房子住下。有了母亲的细心照料，鲍春来身体恢复得很快。但伤恢复好后，他发现自己的比赛状态仍提不上去。2003年苏迪曼杯决赛时，他输给了陶菲克。2004年11月14日，中国羽毛球公开赛男单决赛中，他输给队友林丹，最后屈居亚军。2005 年，接踵而来五次大赛中鲍春来都痛失金牌，屈居亚军……尽管 2004 年鲍春来成为汤姆斯杯团体冠军成员，但一时间有关林丹和李宗伟是鲍春来的"克星"，鲍春来就是拿亚军的命等各种说法满天飞，大家还给鲍春来取了个"千年老二"的绰号。

此时，鲍春来的情绪低落到了极点，甚至怀疑起自己的实力来，他沮丧万分的给父亲发来短信："看来我就是当老二的命了。"收到短信后，鲍长安夫妇心情很沉重，他们清楚儿子的心里是多么的痛苦，同时意识到，此时只有给儿子打气，将儿子的心理压力分解开来，否则儿子会被这"千年老二"的阴影压得崩溃。于是鲍长安假装很开心的给儿子发去短信："能拿到亚军也不错呀，我们全家都为你自豪，只要打得漂亮，让观众们看得舒服就行了。"

2004 年春节过后，鲍春来的外公被查出患上前列腺癌。病危期间，外公很想看一眼他最疼爱的外孙子。但为了不影响鲍春来，程运延含着泪编谎言说鲍春来在国外比赛一时不能回来。外公去世前，不断念着他的名字，而此时鲍春来正在参加一项比赛，鲍长安夫妇守在老人面前泪挥如雨，心如刀割，但他们没有给鲍春来打一个电话。直到 2005 年 10 月，鲍春来回到湖南益阳参加省十运会，赛后顺路回来探望父母时，程运延才将外公已去世的消息告诉他，鲍春来当场失声痛哭。

鲍长安借着这父子数年难得一见的机会，给他分析为何老拿亚军的原因："一是你心理不成熟，关键时刻稳不住；二是你在气势上输给了对方，你没有林丹那样的霸气；三是你体力不够好。"说着还将他录得每场球赛放出来给鲍春来看，尽管这些录像鲍春来在队里早就看好多遍了，但他对爸爸中肯的分析十分佩服。他双手按在鲍长安的膝盖上，含着泪说："爸爸，你放心，儿子总有天会再拿到冠军的。"

2005 年 12 月，丹麦羽毛球精英赛男子单打决赛中，鲍春来迎战丹麦名将皮特·盖德，首局鲍春来在 9 比 12 落后的情况下曾将比分反超至 13 比 12 领先，但最终鲍春来没能抵挡住对手的进攻，以 13 比 15 和

5 比 15 连败两局屈居亚军。鲍长安以玩笑的口吻给儿子发出去了一条短信："恭喜你再次当老二。"很快，鲍春来回信了："当老二有什么不好。"看着这条短信，鲍长安笑了，他感觉到儿子已从"千年老二"的阴影中走出来了。逐渐摆脱"千年老二"心理阴影的鲍春来在赛场中表现得越来越成熟。

成功在招手

2006 年 8 月 27 日，他在首尔获得韩国公开赛冠军，结束他 4 年 10 个月与单项世界冠军无缘的苦苦等待；9 月 22 日，他在马德里战胜李宗伟，打破此前六战六败的魔咒；10 月 21 日，他在广州击败林丹，即 2004 年 8 月之后两年来首次跨过这看似不可逾越的障碍。尤其是胜了林丹和李宗伟后，鲍春来比拿了冠军还高兴。因此，他感到自己已经迈过了心里那条深深的坎。

2006 年 11 月底，鲍春来出征多哈亚运会，来到多哈后，鲍春来突然被告知担任旗手，面对这极大的荣誉，他用颤抖的手指给父亲发了一条短信："老爸，我当了旗手，该怎么办？不知怎么准备。"鲍长安高兴万分的对儿子说："旗手代表了国家形象，你不要紧张，要像球场上一样。举止要庄严大方，要朝气蓬勃，斗志昂扬，精神饱满，我真为你自豪啊！"

2006 年 12 月 5 日晚 21 点，多哈亚运会羽毛球男团决赛隆重上演，志在夺冠的中国队与卫冕冠军韩国队展开了一场荡气回肠的强强对决，最后的决胜盘在鲍春来和韩国名将、雅典奥运会男单银牌得主孙升模之间展开。一开局，鲍春来就以漂亮的扣杀打开了局面。很快鲍春来就以 7 比 2 的优势取得领先。每次抢得一分，鲍春来都兴奋地握拳怒吼一声。凭着这股狠劲，仅仅只过了 26 分钟，鲍春来就以 21 比 9，21 比 8 的悬殊比分击败了孙升模。这也是中国羽毛球男团在时隔 16 年之后再度登上亚洲顶峰。

看到儿子成功实现了一定带回金牌的梦想，鲍长安也兴奋极了，他

旗手鲍春来

对儿子说："干得好，这就是真实的你！只要拥有今天这样的信心，你一定能干得更出色，一定能获得更多的金牌！"

在中国队教练眼中，鲍春来虽然技术水平提高较快，具备了较强的竞争力，但比赛经验欠缺，心态仍显稚嫩，临场发挥起伏较大。有人认为他在赛场上缺少了霸气，可是他的性格很温和，所以，他在走一条适合自己的球路，以柔克刚。正因为他待人友善的个性为他赢得了许多支持者。

多哈时间 2006 年 12 月 1 日，国家体育总局宣传司司长、亚运代表团新闻发言人张海峰对外正式宣布："经过全面考虑之后，我们认为鲍春来是非常全面的运动员，是出任旗手最合适的人选。"于是，23 岁的鲍春来成为中国羽毛球队中作代表团旗手的第一人。鲍春来也是第一个除篮球或排球运动员以外的第一位旗手。

中国攻瑰——王仪涵

王仪涵，上海人，中国女子羽毛球队运动员。王仪涵是右手持拍，主要特点是身体素质好、进攻积极、杀球凶狠。曾于 2009 年 3 月在全英羽毛球超级赛中首度赢得女单桂冠。2011 年获得世界羽毛球锦标赛女单冠军。

2011 年获得世界羽联超级系列赛总决赛女单冠军。2012 年获得全英羽毛球公开赛女单亚军。2012 年伦敦奥运会获得羽毛球女单亚军。

晋级 1/4 决赛

2011 年 8 月 13 日，2011 年伦敦羽毛球世锦赛女单 1/4 决赛争夺，中国选手王仪涵以 21：14 和 21：16 力擒法国老将皮红艳，晋级四强与汪鑫争夺决赛权。

二号种子王仪涵对法国老将皮红艳，皮红艳此前淘汰韩国名将裴延姝，显示出良好的状态。两人过去曾有三次交手，王仪涵两胜一负

王仪涵

稍占上风，不过自 2010 年以来两人还未有过碰面机会。皮红艳技术娴熟、防守出色、大赛经验丰富，王仪涵很好地应对压力。

首局伊始两人就展开激战，王仪涵控制底线两角落点到位，皮红艳则稍显被动，不过手上的控制也很出色。王仪涵的进攻质量更高，尤其是推后场压制到位，上来就以 6：3 和 7：4 领先。皮红艳紧咬比分，两人在底线都出现一些判断失误，暂停时王仪涵取得 11：7 的优势。

暂停后王仪涵加快进攻节奏，皮红艳疲于应付失误连连，已经有些跟不上王仪涵的节奏，体能不支差距越来越大。王仪涵稳扎稳打，自身进攻很稳定，皮红艳只能依靠放网来取得分数，王仪涵一度 19：12 领先。皮红艳连追 2 分后，王仪涵网前得手获得局点。凭借一拍高质量的滑板吊直线命中，王仪涵 21：14 先拔头筹。

第二局伊始王仪涵似乎有些精力不太集中，打得有些随意失误增多，3 平后连丢 3 分陷入被动。追至 7：8 后王仪涵又是接连送分，一度 7：12 落后。此时的王仪涵才重新找回状态，利用出色的跑动将皮红艳彻底调动，打出得分高潮，连得 7 分以 14：12 反超。中局阶段两人争夺

更为激烈，王仪涵很好地控制住局面，15 平后连续拿分，确立优势 20：16 获得赛点。随着皮红艳进攻下网，王仪涵以 21：16 再下一城，直落两局过关，半决赛与汪鑫进行内战。8 月 13 日晚上，世锦赛女单半决赛，在两位中国选手之间的内战，王仪涵击败队友汪鑫，首次晋级世锦赛决赛。

决赛夺冠

2011 年伦敦羽毛球世锦赛结束女子单打决赛，王仪涵在开局不利的情况下逐渐发力掌控大局，王仪涵以 2 比 0 击败中华台北选手郑韶婕，夺得冠军。首夺女单世界冠军，中国队实现世锦赛女单八连冠。

王仪涵和郑韶婕此前在世界羽联赛事有三次交锋，王仪涵全部以 2 比 0 取胜，最近一次是今年的亚锦赛半决赛。首局开始郑韶婕就先发制人，她很快以 6 比 1 领先，逐渐找到感觉的王仪涵连追 5 分扳为 6 平。8 平后郑韶婕又连拿 3 分，她以 11 比 8 领先进入间歇。

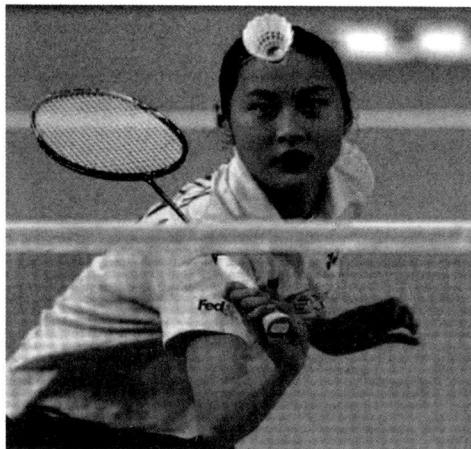

王仪涵比赛中

回到场上王仪涵注意减少失误，她用回球的落点来控制对手，而郑韶婕在多拍中的失误不断增加，11 比 14 后王仪涵连得 9 分反超拿到局点。挽救一个局点后，郑韶婕挑后场球出界，王仪涵以 21 比 15 先下一城。

第二局王仪涵依旧控制场上主动权，她很快以 6 比 1 领先。之后双方在场上比得就是谁失误更少，在王仪涵 10 比 5 领先后，郑韶婕打得更沉稳，耐心等待机会出现后再进攻，她连追 3 分。王仪涵及时止住对手的追分势头，11 比 8，她领先 3 分迎来暂停时间。一回到场上两人就形成多拍，郑韶婕打出一个滚网球，王仪涵倒地将球挑过网，拿下这一分的她兴奋地给自己握拳打气。

比分落后的郑韶婕又急躁起来，她的失误又开始增多，王仪涵把比分改写为 14 比 8。郑韶婕突击下压追回 1 分，王仪涵迅速回敬，随着一记挡网得分，她连赢 3 分以 17 比 9 领先。在放高远球出界送分后，王仪涵接发球劈杀直线得分，接着她突击直线得分，她的领先优势拉开到 9 分。两人形成多拍，郑韶婕反拍推挡下网，王仪涵拿到冠军点。首个赛点王仪涵就把握住，她连续两拍杀球后得分，21 比 10，王仪涵再下一城以 2 比 0 取胜夺冠。赢球后王仪涵兴奋地跑到场边和教练张宁拥抱在一起庆祝，这是她首夺世锦赛女单冠军。

印度人的骄傲——内瓦尔·塞娜

内瓦尔是印度有史以来最好的羽毛球选手。90 后的她，小小年纪就打出了很好的成绩，出色的网前技术与大力的扣杀都使对手 无从还击。尽管身高不高，但出色的体力仍然使她进入世界前五。为此她十分自豪，她计划在 2012 年进入前三并在伦敦奥运会有所斩获。

印度人的骄傲

距离世界上最大的体育盛会只有不到 10 天的时间，这一次印度奥运代表团将吸引所有人的眼球，他们看起来自信满满。全印度都知道在这次奥运会上，印度代表团有机会在这届奥运会上斩获比以往任何一次奥运会都要多的奖牌。

在这支由 81 人组成的代表队中，有很多选手有夺牌的希望，其中之一就是来自印度海德拉巴的年轻羽毛球选手——内瓦尔。她从开始学习羽毛球的那一刻就显现出巨大的潜力，现在是她在世界最大型的比赛

内瓦尔·塞娜

中发挥自己潜力的好时候。按照她现在的状态，如果在伦敦奥运会中取得像宾德拉在北京奥运会那样的成就，应该不是让人吃惊的事情。

内瓦尔前一年的状态一度很低迷，不过现在她正处于巅峰状态。她在泰国公开赛和印尼羽毛球超级赛中夺得了冠军，这证明了这位世界排名第五的球员并没有丢掉锐气，她是印度夺得奖牌的一大希望。

在印尼羽毛球超级赛夺冠之后，内瓦尔接受采访时说，"获得两站比赛的冠军，并且击败如此多的顶尖球员，这让人很兴奋。我很高兴能以一场胜利结束了比赛。我知道这样的胜利能鼓舞很多年轻的羽毛球球员。我和所有球员的比赛都很接近。但现在李雪芮（这是内瓦尔的决赛对手，当时她还没有进入到奥运选手名单中）正处于自己最好的状态。她已经连续夺得了四站巡回赛的冠军，还保持着 30 场不败的战绩。能击败她对我来说意义重大。"

关于奥运会备战的问题，内瓦尔说，"最重要的就是要避免伤病。心理上我调节得很不错，我赢得了两站大赛冠军。"她同时还补充说击败中国球员很困难，但并非不可能。

内瓦尔一直都是一名作风顽强的选手，她取得了印度其他女子羽毛球选手所没有获得的成绩。她是印度第一位进入到奥运会四分之一决赛的女子羽毛球选手。她同时也是第一位获得了世界青少年羽毛球锦标赛冠军的印度人。几年前，她获得了印尼公开赛冠军，成为印度第一位赢得超级赛冠军的球员。当然她没有停止前进的脚步，她随后又在 2010 年的新加坡公开赛中夺魁，世界排名一度来到了第三位。

内瓦尔小小年纪就取得了非常优异的成绩，在即将到来的奥运会中，她有机会再一次为自己的职业生涯增彩。目前她排名世界第五，前面四位选手都是中国人。在最近获胜的比赛中，可以看出只要内瓦尔打出了自己的状态，那没有什么球员能够阻止她。

在很多场合内瓦尔都让印度颇感自豪，整个国家将会为她祈祷，他们希望内瓦尔能够取得跟另外一名印度女运动员一样的成绩，就是为印度赢得一枚奥运奖牌。

有人把内瓦尔称做印度的金妍儿，也许受欢迎程度差不多，但对于印度，内瓦尔的意义绝对要大得多。

印度队前教练维玛尔评价爱徒时说，赛娜是第一个赢得巡回赛冠军的印度女性，她有可能带动这个国家女子体育运动的发展。

而借助内瓦尔，过去名不见经传的印度羽毛球也已经强势崛起。一个人能救活一项运动，中国有丁俊晖，印度有内瓦尔。

2012 年伦敦奥运会，内瓦尔仅获羽毛球女子单打铜牌。

冠军国手——谢杏芳

谢杏芳，中国体育运动员，羽毛球选手。是龚睿那、周蜜之后中国女子羽毛球队涌现出的又一个世界级顶尖女单选手，曾获得 2006 年世界羽毛球锦标赛女单冠军。

2008 年瑞士羽毛球公开赛女单冠军，2008 年北京奥运会上夺得女子单打银牌。2009 年 11 月，谢杏芳正式退役。其丈夫是中国著名羽毛球运动员林丹，两人于 2012 年 9 月 23 日结婚。

精彩瞬间

1. 2001 年，谢杏芳在亚锦赛女单比赛中，力克众多好手，问鼎冠

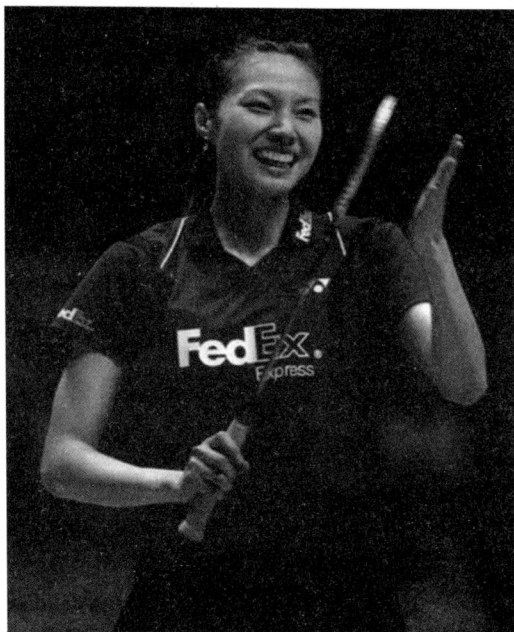

谢杏芳

军。之后，她如愿以偿地升到了一队，开始了她的国手生涯。

2. 2003 年世锦赛，22 岁的谢杏芳初出茅庐。作为六号种子的她在自己的世锦赛处女秀中表现不佳，差点栽在代表新加坡出战的原福建选手肖路茜拍下。涉险晋级之后，谢杏芳在八强战中 0 比 2 不敌师姐龚睿那，无缘奖牌。

3. 2004 年 3 月份的全英公开赛，当时夺得男单冠军的林丹在接受国外媒体记者采访时毫无顾忌地向国外记者公开了与谢杏芳的恋情。至此，林丹和谢杏芳这对恋人浮出水面。

4. 2004 年 7 月的一天，当李永波来到谢杏芳的房间，准备找她谈话。谢杏芳马上心中一凉，因为她知道，雅典奥运会的参赛名单中将没有她的名字，为此，谢杏芳还一度想过跳楼。

5. 2005 年初，24 岁的谢杏芳在凭借丹麦、德国、中国、印度尼西亚、德国和全英 6 个公开赛六连冠的羽坛新纪录，第一次登上女子单打世界头号女球手的宝座。

6. 2005 年的世锦赛上，谢杏芳在女单决赛中苦战三局以 2 比 1 战胜雅典奥运和上届世锦赛双料冠军张宁，首次夺得世锦赛女单冠军，成为我国第七位世锦赛女单冠军，同时也是首位广东籍选手获此殊荣。虽然无缘雅典奥运会，但谢杏芳在新奥运周期元年便证明了自己同样具备参加奥运会的实力。

7. 2006 年世锦赛，谢杏芳再次在女单决赛上击败张宁，获得世锦赛女单两连冠。这也是继李玲蔚和叶钊颖之后，中国队出的第三位世锦赛女单两连冠。与她一起登顶的还有她的男友林丹。把他们称为世界上最幸福的恋人一点都不为过，在双双夺得了男女单打比赛的冠军之后，他们可谓是爱情事业双丰收。

8. 2007 年世锦赛，谢杏芳在女单 16 进 8 的比赛中遭遇马来西亚名将黄妙珠。这场比赛中谢杏芳完全不在状态，以 0 比 2 败给对手而无缘八强，两局加起来才得了 18 分，不及对方一局的得分。这场失利让谢杏芳创造世锦赛三连冠的梦想就此破灭。赛

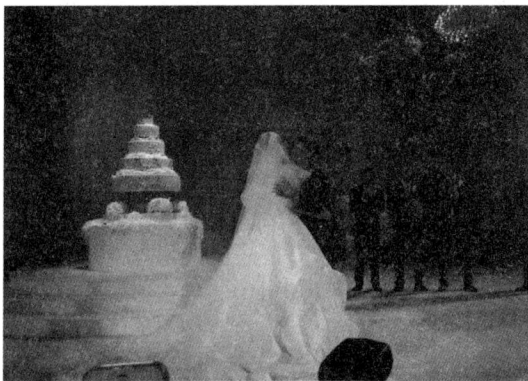

谢杏芳与林丹大婚

后，谢杏芳一言不发，而男单卫冕成功的林丹也只能在一旁小心呵护。

9. 2007 年全英赛女单颁奖典礼上，当谢杏芳还沉浸在冠军的喜悦之中，不可思议的事情发生了，同样在本次比赛称雄的林丹手抱一束鲜艳的红玫瑰，在全场观众的注视下上台给女友献花，并送上了一个深情的亲吻，不但让全场观众都分享到了这对羽坛"神雕侠侣"的甜蜜，更让谢杏芳成为全英赛历史上最幸福的冠军。

10. 2008 年 8 月 16 日女单颁奖典礼之后，谢杏芳自行摘下刚才戴上的银牌，在休息室里失声痛哭。在没有林丹而是一批自己的忠实球迷陪伴下，她熬过了最难受的一个小时。走出奥运场馆，谢杏芳半开玩笑半认真地说："我要结婚生子！"

张宁

张宁，1975 年出生，籍贯辽宁，中国羽毛球运动员、教练员，右手握拍，是和叶钊颖同期的羽毛球国手，自 1994 年就已经开始代表中国出战尤伯杯。张宁是典型的大器晚成型选手，2003 年世锦赛才夺得个人首个世界冠军，2004 年夺得雅典奥运会女单冠军。2008 年北京奥运会成功卫冕女单金牌，之后退役任羽毛球教练。

享受运动快乐的张宁

张宁十来岁的时候，爸爸有一次买了一副羽毛球拍，赶上夏天的晚上带张宁去玩，那时候还是木头制的羽毛球拍，没想到张宁一拿到球拍就不愿意撒手了，而且在爸爸没有时间的时候找小朋友去"切磋"，就是这样一种无心插柳的心态，张宁和羽毛球结下了不解之缘。在一次学校的比赛中，张宁良好的球感和对于羽毛球执着的眼神感染了一个后来改变她命运的人，那就是锦州市体校的杜志新教练。

当时站在场边的杜教练第一感觉是张宁在同龄孩子中虽然个子不高，没有什么优势可言，但是骨子里的执着和专注劲儿深深吸引了，随后杜教练就把张宁带到了自己的队里，开始了半专业的训练。

不过张宁的羽毛球道路并非一帆风顺，在跟着杜教练练了一个假期后，张宁的母亲就让张宁放弃，因为妈妈有腰脱的毛病，照顾弟弟的任务就落到张宁稚嫩的肩膀上，她得背着小弟上学。无奈，懂事的张宁依依不舍地告别了羽毛球，承担起照顾弟弟的责任，不过张宁内心依旧无法割舍运动情节，在照顾弟弟的同时也不忘自己锻炼身体，良好的身体素质根基也就此打下。第二年开春弟弟已经能够逐渐自己照顾自己，没有了负担的张宁还没等重新拿起羽毛球拍就被排球队教练挑了去，听说张宁又进入了运动队，收到"风声"的杜教练不顾排球队教练的面子硬是把张宁又"抢"了回去。

刚练了两个多月，正赶上辽宁羽毛球少儿比赛在锦州进行，一比赛，张宁拿了第四名，不过要知道当时的前三名都是省队的，作为一个"业余队员"张宁的成绩已经相当不错了。是金子早晚要发光，不到两个月，省队开始招生，张宁又被省队的教练相中，进入辽宁省队的张宁当时才 12 岁。

进入辽宁队之后的张宁拥有了良好的训练环境和更高水平的教练，成绩突飞猛进，很快就被国家队选中，开始了自己的国家队生涯。

张宁身材高大，打法更富攻击性和杀伤力，自世锦赛和奥运会夺冠后一直保持着世界顶尖水平，排名稳居世界前二，长期霸占着世界

羽毛球女将张宁

排名第一的位置，是女子羽坛的一棵常青树。

相对戴韫、龚睿那等侧重技术型打法的选手而言，张宁更富攻击性和杀伤力。

2008 年 8 月 24 日北京奥运会闭幕式上，连续两届蝉联奥运会羽毛球女单冠军的老将张宁，担任中国代表团的旗手。她是奥运会历史上第一位蝉联冠军的羽毛球运动员，张宁享受着奥运会的荣耀，享受着体育运动的快乐。作为旗手的张宁向我们诠释着体育运动的真谛：我快乐，我运动！

PART 13 历史档案

历届汤姆斯杯成绩

届数	年份	冠军	亚军	决赛比分	比赛地点
第一届	1948 – 1949	马来西亚	丹麦	8 – 1	英国普雷斯顿
第二届	1951 – 1952	马来西亚	美国	7 – 2	新加坡新加坡
第三届	1954 – 1955	马来西亚	丹麦	8 – 1	新加坡新加坡
第四届	1957 – 1958	印度尼西亚	马来西亚	6 – 3	新加坡新加坡
第五届	1960 – 1961	印度尼西亚	泰国	6 – 3	印度尼西亚雅加达
第六届	1963 – 1964	印度尼西亚	丹麦	5 – 4	日本东京
第七届	1966 – 1967	马来西亚	印度尼西亚	6 – 3	印度尼西亚雅加达
第八届	1969 – 1970	印度尼西亚	马来西亚	7 – 2	马来西亚吉隆坡
第九届	1972 – 1973	印度尼西亚	丹麦	8 – 1	印度尼西亚雅加达
第十届	1975 – 1976	印度尼西亚	马来西亚	9 – 0	泰国曼谷
第十一届	1978 – 1979	印度尼西亚	丹麦	9 – 0	印度尼西亚雅加达
第十二届	1981 – 1982	中国	印度尼西亚	5 – 4	英国伦敦
第十三届	1984	印度尼西亚	中国	3 – 2	马来西亚吉隆坡
第十四届	1986	中国	印度尼西亚	3 – 2	印度尼西亚雅加达
第十五届	1988	中国	马来西亚	4 – 1	马来西亚吉隆坡
第十六届	1990	中国	马来西亚	4 – 1	日本东京

第十七届	1992	马来西亚	印度尼西亚	3－2	马来西亚吉隆坡
第十八届	1994	印度尼西亚	马来西亚	3－0	印度尼西亚雅加达
第十九届	1996	印度尼西亚	丹麦	5－0	中国香港
第二十届	1998	印度尼西亚	马来西亚	3－2	中国香港
第二十一届	2000	印度尼西亚	中国	3－0	马来西亚吉隆坡
第二十二届	2001－2002	印度尼西亚	马来西亚	3－2	中国广州
第二十三届	2004	中国	丹麦	3－1	雅加达
第二十四届	2006	中国	丹麦	3－0	东京
第二十五届	2008	中国	韩国	3－1	印度尼西亚
第二十六届	2010	中国	印度尼西亚	3－0	马来西亚
第二十七届	2012	中国	韩国	3－0	中国

历届尤伯杯赛成绩

届数	年份	冠军	亚军	决赛比分	比赛地点
第一届	1956－1957	美国	丹麦	6－1	圣安尼斯
第二届	1959－1960	美国	丹麦	5－2	美国费城
第三届	1962－1963	美国	英格兰	4－3	美国威尔明顿
第四届	1965－1966	日本	美国	5－2	新西兰惠灵顿
第五届	1968－1969	日本	印度尼西亚	6－1	日本东京
第六届	1971－1972	日本	印度尼西亚	6－1	日本东京
第七届	1974－1975	印度尼西亚	日本	5－2	印度尼西亚雅加达
第八届	1977－1978	日本	印度尼西亚	5－2	新西兰奥克兰
第九届	1980－1981	日本	印度尼西亚	6－3	日本
第十届	1984	中国	英格兰	5－0	马来西亚吉隆坡

第十一届	1986	中国	印度尼西亚	3 - 2	印度尼西亚雅加达
第十二届	1988	中国	韩国	5 - 0	马来西亚吉隆坡
第十三届	1990	中国	韩国	3 - 2	日本名古屋和东京
第十四届	1992	中国	韩国	3 - 2	马来西亚吉隆坡
第十五届	1994	印度尼西亚	中国	3 - 2	印度尼西亚雅加达
第十六届	1996	印度尼西亚	中国	4 - 1	中国香港
第十七届	1998	中国	印度尼西亚	4 - 1	中国香港
第十八届	2000	中国	丹麦	3 - 1	马来西亚吉隆坡
第十九届	2001 - 2002	中国	韩国	3 - 0	中国广州
第二十届	2004	中国	韩国	3 - 1	印度尼西亚雅加达
第二十一届	2006	中国	荷兰	3 - 0	日本仙台和东京
第二十二届	2008	中国	印尼	3 - 0	印度尼西亚雅加太
第二十三届	2010	韩国	中国	3 - 1	马来西亚吉隆坡
第二十四届	2012	中国	韩国	3 - 0	中国武汉

历届苏迪曼杯国羽成绩

时间	举办地	届次	名次	战绩
1989	印尼雅加达	1	第三名	半决赛 2 - 3 负韩国；小组赛 5 - 0 胜丹麦、4 - 1 胜瑞典
1991	丹麦哥本哈根	2	第四名	半决赛 2 - 3 负韩国；小组赛 2 - 3 负印尼、3 - 2 胜瑞典
1993	英国伯明翰	3	第三名	半决赛 2 - 3 负印尼；小组赛 1 - 4 负韩国、5 - 0 胜瑞典
1995	瑞士洛桑	4	冠军	决赛 3 - 1 胜印尼；半决赛 4 - 1 胜丹麦；小组赛 3 - 2 胜韩国、4 - 1 胜英格兰
1997	英国格拉斯哥	5	冠军	决赛 5 - 0 胜韩国；半决赛 3 - 2 胜印尼；小组赛 3 - 2 胜韩国、5 - 0 胜英格兰

1999	丹麦哥本哈根	6	冠军	决赛 3－1 胜丹麦；半决赛 3－2 胜韩国；小组赛 4－1 胜瑞典、3－2 胜印尼
2001	西班牙塞维利亚	7	冠军	决赛 3－1 胜印尼；半决赛 3－2 胜丹麦；小组赛 5－0 胜韩国、5－0 胜瑞典
2003	荷兰埃因霍温	8	亚军	决赛 1－3 负韩国；半决赛 3－1 胜印尼；小组赛 3－2 胜韩国、5－0 胜瑞典
2005	中国北京	9	冠军	决赛 3－0 胜印尼；半决赛 3－0 胜韩国；小组赛 5－0 胜瑞典、5－0 胜中国香港、5－0 胜印尼
2007	英国格拉斯哥	10	冠军	决赛 3－0 胜印尼；半决赛 3－0 胜韩国；小组赛 4－1 胜马来西亚、5－0 胜泰国、5－0 胜印尼
2009	中国广州	11	冠军	决赛 3－0 韩国；半决赛 3－0 马来西亚；小组赛 5－0 胜英格兰、5－0 胜日本、5－0 胜印尼
2011	中国青岛	12	冠军	决赛 3－0 丹麦；半决赛 3－1 韩国；1/4 决赛 3－1 印度、5－0 胜日本、4－1 胜德国
2013	马来西亚吉隆坡	13	冠军	决赛 3－0 韩国；半决赛 3－1 丹麦；1/4 决赛 3－2 印尼；小组赛 5－0 印度、5－0 印尼

历届世锦赛冠军

届数	年份	地点	项目	姓名	国家/地区
第一届	1978 年	泰国曼谷	男子单打	庾耀东	中国
			男子双打	庾耀东/侯加昌	中国
			女子单打	张爱玲	中国
			女子双打	张爱玲/李方	中国
			混合双打	比才/比芝隆	泰国

			男子单打	韩健	中国
第二届	1979 年	中国杭州	男子双打	孙志安/姚喜明	中国
			女子单打	韩爱平	中国
			女子双打	巴达马/素莉蓬	泰国
			混合双打	吴俊盛/陈念慈	中国香港

注：以上两届为世界羽毛球联合会举办

			男子单打	德尔夫斯	丹麦
第一届	1977 年	瑞典马尔默	男子双打	梁春生/洪跃龙	印尼
			女子单打	科彭	丹麦
			女子双打	梅野尾悦子/上野惠美子	日本
			混合双打	斯科夫加尔德/科彭	丹麦
第二届	1980 年	印尼雅加达	男子单打	梁海量	印尼
			男子双打	张鑫源/纪明发	印尼
			女子单打	维拉瓦蒂	印尼
			女子双打	佩里/韦伯斯特	英国
			混合双打	纪明发/黄祖金	印尼

注：以上两届为国际羽毛球联合会举办

			男子单打	苏吉亚托	印尼
第三届	1983 年	丹麦哥本哈根	男子双打	弗拉特伯格/希里迪	丹麦
			女子单打	李玲蔚	中国
			女子双打	林瑛/吴迪西	中国
			混合双打	吉尔斯特罗姆/佩里	瑞典/英格兰

注：1981 年世界羽联与国际羽联合并，中国首次参加世锦赛

			男子单打	韩健	中国
第四届	1985 年	加拿大卡尔加里	男子双打	朴柱奉/金文秀	韩国
			女子单打	韩爱平	中国
			女子双打	韩爱平/李玲蔚	中国
			混合双打	朴柱奉/柳尚希	韩国

			男子单打	杨阳	中国
第五届	1987 年	中国北京	男子双打	李永波/田秉毅	中国
			女子单打	韩爱平	中国
			女子双打	林瑛/关渭贞	中国
			混合双打	王朋仁/史方静	中国
第六届	1989 年	印尼 雅加达	男子单打	杨阳	中国
			男子双打	李永波/田秉毅	中国
			女子单打	李玲蔚	中国
			女子双打	林瑛/关渭贞	中国
			混合双打	朴柱奉/郑明熙	韩国
第七届	1991 年	丹麦 哥本哈根	男子单打	赵剑华	中国
			男子双打	朴柱奉/金文秀	韩国
			女子单打	唐九红	中国
			子双打	农群华/关渭贞	中国
			混合双打	朴柱奉/郑明熙	韩国
第八届	1993 年	英国 伯明翰	男子单打	佐戈	印尼
			男子双打	苏巴吉亚/郭宏源	印尼
			女子单打	王莲香	印尼
			女子双打	农群华/周雷	中国
			混合双打	伦德/本特松	丹麦/瑞典
第九届	1995 年	瑞士洛桑	男子单打	阿尔比	印尼
			男子双打	苏巴吉亚/迈纳基	印尼
			女子单打	叶钊颖	中国
			女子双打	吉永雅/张惠玉	韩国
			混合双打	伦德/托姆森	丹麦
第十届	1997 年	英国 格拉斯哥	男子单打	拉斯姆森	丹麦
			男子双打	西吉特/陈甲亮	印尼
			女子单打	叶钊颖	中国
			女子双打	葛菲/顾俊	中国
			混合双打	刘永/葛菲	中国

			男子单打	孙俊	中国
第十一届	1999 年	丹麦 哥本哈根	男子双打	金东文/河泰权	韩国
			女子单打	马尔廷	丹麦
			女子双打	葛菲/顾俊	中国
			混合双打	金东文/罗景民	韩国
第十二届	2001 年	西班牙 塞维利亚	男子单打	叶诚万	印尼
			男子双打	吴俊明/哈林	印尼
			女子单打	龚睿那	中国
			女子双打	高崚/黄穗	中国
			混合双打	张军/高崚	中国
第十三届	2003 年	英国 伯明翰	男子单打	夏煊泽	中国
			男子双打	帕斯克/拉斯姆森	丹麦
			女子单打	张宁	中国
			女子双打	高崚/黄穗	中国
			混合双打	金东文/罗景民	韩国
第十四届	2005 年	美国 阿纳海姆	男子单打	陶菲克	印尼
			男子双打	吴俊明/白国豪	美国
			女子单打	谢杏芳	中国
			女子双打	杨维/张洁雯	中国
			混合双打	维迪安托/纳西尔	印尼
第十五届	2006 年	西班牙 马德里	男子单打	林丹	中国
			男子双打	蔡赟/付海峰	中国
			女子单打	谢杏芳	中国
			女子双打	高崚/黄穗	中国
			混合双打	罗布森/埃姆斯	英格兰
第十六届	2007 年	马来西亚 吉隆坡	男子单打	林丹	中国
			男子双打	马基斯/亨德拉	印尼
			女子单打	朱琳	中国
			女子双打	杨维/张洁雯	中国
			混合双打	维迪安托/纳西尔	印尼

			男子单打	林丹	中国
第十七届	2009 年	印度海德拉巴	男子双打	蔡赟/付海峰	中国
			女子单打	卢兰	中国
			女子双打	张亚雯/赵婷婷	中国
			混合双打	乔基姆/佩德森	丹麦
第十八届	2010 年	法国巴黎	男子单打	陈金	中国
			男子双打	蔡赟/傅海峰	中国
			女子单打	王琳	中国
			女子双打	杜婧/于洋	中国
			混合双打	郑波/马晋	中国
第十九届	2011 年	英国伦敦	男子单打	林丹	中国
			男子双打	蔡赟/傅海峰	中国
			女子单打	王仪涵	中国
			女子双打	王晓理/于洋	中国
			混合双打	张楠/赵芸蕾	中国

历届奥运冠军

1992 年巴塞罗那奥运会（共设 4 枚金牌）：

男子单打：魏仁芳（印度尼西亚）

女子单打：王莲香（印度尼西亚）

男子双打：金文秀/朴柱奉（韩国）

女子双打：郑素英/黄惠英（韩国）

1996 年亚特兰大奥运会（共设 5 枚金牌）

男子单打：拉尔森（丹麦）

女子单打：方铢贤（韩国）

男子双打：苏巴吉亚/迈纳基（印尼）

女子双打：葛菲/顾俊（中国）

混合双打：金东文/吉永雅（韩国）

2000 年悉尼奥运会（共设 5 枚金牌）

男子单打：吉新鹏（中国）

女子单打：龚智超（中国）

男子双打：陈甲亮/吴俊明（中国）

女子双打：葛菲/顾俊（中国）

混合双打：张军/高崚（中国）

2004 年雅典奥运会（共设 5 枚金牌）

男子单打：陶菲克（中国）

女子单打：张宁（中国）

男子双打：金东文/河泰权（韩国）

女子双打：杨维/张洁雯（中国）

混合双打：张军/高崚（中国）

2008 年北京奥运会（共设 5 枚金牌）

男子单打　　　　　　林丹（中）

女子单打　　　　　　张宁（中）

男子双打　　　　　　基多/亨德拉（印）

女子双打　　　　　　杜婧/于洋（中）

混合双打　　　　　　李龙大/李孝贞（韩）

2012 年伦敦奥运会（共设 5 枚金牌）

男子单打　　　　　　林丹（中）

女子单打	李雪芮（中）
男子双打	蔡赟/傅海峰（中）
女子双打	田卿/赵芸蕾（中）
混合双打	张楠/赵芸蕾（中）

羽毛球运动大事记

　　1875年，第一个军人羽毛球俱乐部在英国成立。1893年，英国已有14个羽毛球俱乐部，他们举行会议，正式成立了"英国羽毛球协会"。当时，英国羽毛球协会对羽毛球运动的开展、提高和传播起了积极的推动作用。这项运动首先在欧洲传播，然后发展到美洲、亚洲和澳洲。20世纪二三十年代，加拿大、丹麦、马来西亚等国也相继成立了羽毛球协会。

　　为了推动世界羽毛球运动的发展，1934年，由英格兰、法国、爱尔兰、苏格兰、荷兰、加拿大、丹麦、新西兰和威尔斯九个羽毛球协会共同协商成立了"国际羽毛球联合会"（简称国际羽联）。第一任主席是汤姆斯，总部设在伦敦。

　　国际羽联的成立对羽毛球技术、战术的发展起了促进作用，除了传统的"全英羽毛球锦标赛"照常举行外，在1948年增设了"汤姆斯杯赛"（世界男子团体锦标赛），1956年增设了"尤伯杯赛"（世界女子团体锦标赛），并相继举办了"世界羽毛球锦标赛"、"世界杯赛"等，使世界羽毛球运动又向

世界羽毛球联合会标志

前迈进了一大步。

基于当时的政治原因，以中国为首的许多国家的羽毛球协会未能加入国际羽联，使一些国际性比赛相对逊色，没能真正体现世界级水平。

直至 1978 年，在香港成立了"世界羽毛球联合会"（简称世界羽联），先后举办了两届世界羽毛球锦标赛，中国共荣获 8 项冠军，表明中国羽毛球运动已达到世界最高水准。为了推动世界羽毛球运动健康、稳步地发展，经过许多国家羽毛球界的共同努力，在 1981 年，国际羽联和世界羽联正式合并，组成了"国际羽毛球联合会"（简称国际羽联），使世界羽毛球运动产生了新的飞跃，出现了欣欣向荣、生机勃勃的景象。目前，国际羽联已有 94 个国家和地区参加，"国际奥委会"已把羽毛球比赛列入奥运会的正式比赛项目，羽毛球运动出现了前所未有的最佳发展时机。

羽毛球运动历史沿革

1873 年，现代羽毛球运动正式诞生。

1877 年，第一本羽毛球比赛规则在英国出版。

1893 年，英国 14 个羽毛球俱乐部组成世界上第一个羽毛球协会。

1899 年，英国羽毛球协会举办了第一届"全英羽毛球锦标赛"，每年举办一次，沿袭至今。羽毛球运动从斯堪的纳维亚传到英联邦各国。

20 世纪初，羽毛球运动流传到亚洲，美洲，大洋洲，最后传到非洲。

1920 年，羽毛球运动开始传入中国。最早在上海，随后在广州、天津、北京、成都等城市的基督教青年会和学校中有所开展。

1934 年，成立了国际羽毛球联合会，总部设在英国伦敦。创始成员包括加拿大、丹麦、英格兰、法国、爱尔兰、荷兰、新西兰、苏格兰和威尔士。

1939 年，国际羽毛球联合会通过了各会员国共同遵守的《羽毛球竞赛规则》。

1949 年，国际羽联创立并举行首届汤姆斯杯赛，即世界羽毛球男子团体锦标赛。

1956 年，国际羽联创立并举行首届尤伯杯赛，即世界羽毛球女子团体锦标赛。

1977 年，国际羽联开始举办世界羽毛球锦标赛，即世界羽毛球单项锦标赛。设有男子单打、女子单打、男子双打、女子双打、男女混合双打五个比赛项目。1978 年 2 月，世界羽毛球联合会于香港成立，并以相同的目的、举办相同性质的世界羽毛球锦标赛。

国际羽联和世界羽联分别举办的两个世界羽毛球锦标赛，因都未能云集当时世界羽坛的所有名将参赛，所以均算不上真正的世界最高水平的羽毛球单项锦标赛。

1981 年 5 月，国际羽联和世界羽联合并为新的国际羽联，结束了世界羽坛分裂状况。决定从 1984 年起将尤伯杯赛与汤姆斯杯赛在同时同地举行，并改为每两年举行一届。同时，国际羽联还画蛇添足的又创办了世界杯羽毛球赛（中途经过停办又恢复之后于 2006 年终于停办）。值得称道的是，当时中国重新恢复了在国际羽联的合法席位，从此揭开了国际羽坛历史上新的一页，进入了中国羽毛球选手称雄世界的辉煌时代。

1988 年 9 月，第二十四届汉城奥运会上，羽毛球被列为表演项目。

1989 年，国际羽联创立并举行首届苏迪曼杯赛，即世界羽毛球混合团体锦标赛。比赛双方须进行男了单打、女子单打、男子双打、女子双打、男女混合双打共五轮比赛决胜负。

1992 年 7 月，第二十五届巴塞罗那奥运会上，羽毛球被列为正式比赛项目，共设男、女单打和男女双打共 4 个项目。

1996 年 7 月，第二十六届亚特兰大奥运会上，羽毛球男女混合双打列为比赛项目。从此羽毛球运动进入新的发展时期。

2004 年，世界羽联总部从英国伦敦转移到马来西亚吉隆坡。

2006 年 9 月，国际羽毛球联合会（IBF）更改为羽毛球世界联合会（BWF）。

2007 年，新的羽毛球世界联合会第一项举措是创办 12 站羽毛球超级系列赛，而且赛季末将举办超级系列赛的总决赛。